HANS-OTTO SCHEMBS

Weither suchen die Völker sie auf

HANS-OTTO SCHEMBS

WEITHER SUCHEN DIE VÖLKER SIE AUF

Die Geschichte der Frankfurter Messe

VERLAG JOSEF KNECHT · FRANKFURT AM MAIN

Foto auf dem Umschlag:
Titelkupfer der dritten Ausgabe von Johann Albrecht Jormanns
Beschreibung der Frankfurter Messe von 1696 (Ausschnitt)

Abbildungen nach Originalen in der Graphischen Sammlung
des Historischen Museums und im Stadtarchiv Frankfurt am Main
sowie der Messe- und Ausstellungs-GmbH Frankfurt am Main

CIP-Kurztitelaufnahme der Deutschen Bibliothek

Schembs, Hans-Otto:
Weither suchen die Völker sie auf : d. Geschichte d. Frankfurter Messe /
Hans-Otto Schembs. – 1. Aufl. – Frankfurt am Main : Knecht, 1985.
ISBN 3-7820-0524-4

ISBN 3-7820-0524-4

1. Auflage 1985. Alle Rechte vorbehalten. Printed in Germany. © 1985
by Verlag Josef Knecht – Carolusdruckerei GmbH, Frankfurt am Main.
Gesamtherstellung: Wiesbadener Graphische Betriebe GmbH, Wiesbaden

INHALT

VORWORT

»Weither suchen die Völker sie auf und wandern die Menschen, denn für die Waren der Welt ist sie der wimmelnde Markt«, schrieb 1510 der Humanist Ulrich von Hutten über Frankfurt. Die Chronisten, Reisenden und Schriftsteller vergangener Jahrhunderte haben immer wieder beschrieben und bestätigt: Frankfurt am Main verdankt Ruhm und Reichtum vor allem seinen Messen. Dies galt von Anfang an, schon seit dem 12. Jahrhundert. Und dies gilt in großem Maße auch heute noch.

Während Frankfurts Gesicht sich im Laufe der Zeit erheblich veränderte, überdauerte die Messe wie nur weniges in der Stadt alle Veränderungen vom Mittelalter bis heute. Frankfurt wandelte sich von einer königlichen Pfalz zur freien Reichsstadt, zur Wahl- und Krönungsstadt deutscher Könige und Kaiser; aus einer fürstprimatisch-großherzoglichen wurde die souveräne Freie Stadt, schließlich die heutige Wirtschaftsmetropole mit Weltstadtcharakter. Faszinierend ist diese Kontinuität der Frankfurter Messe, weil auch sie nicht nur Zeiten der Blüte, sondern auch Zeiten des Niedergangs, der Unterbrechung und des Wandels erlebte — seit acht Jahrhunderten aber bestimmt sie das wirtschaftliche und kulturelle Leben Frankfurts, sein Bild und Ansehen.

Voraussetzung dieser Kontinuität war und ist die Lage der Stadt am Schnittpunkt von Verkehrswegen aus allen Himmelsrichtungen, nicht weniger waren es königliche und kaiserliche Privilegien, wie sie einst in den berühm-

7

ten Zeremonien des Geleiteinholens und des Pfeifergerichts ihren Ausdruck fanden. Fast sieben Jahrhunderte
lang, anfangs nur im Frühjahr, bald auch im Herbst,
bildeten während der Messen die Straßen, Plätze und
Häuser der Stadt Treffpunkte der Kaufleute aus Mittel-
europa für die »Waren der Welt«, waren sie Orte der
Vergnügungen und des Austauschs von Neuigkeiten und
Ideen. Als im 19. Jahrhundert die Zeit der mittelalterlichen Warenmessen ausklang, zog es die Menschen zu
den großen Ausstellungen des technischen Fortschritts
nach Frankfurt, ehe in unserem Jahrhundert die Tradi-
tionslinien der Frühjahrs- und Herbstmesse nach den
beiden Weltkriegen wieder aufgegriffen wurden und die
Messen, zeitgemäß erweitert und verändert, ihre Berech-
tigung in unserer Zeit überzeugend demonstrieren konnten.

Der Streifzug durch die Vergangenheit möchte, das
ist sein Ziel, den Bewohnern dieser Stadt, aber auch den
vielen Messebesuchern und -teilnehmern, die jedes Jahr
nach Frankfurt kommen, einen Überblick über die
achthundertjährige Geschichte der Frankfurter Messe
geben und sie bekanntmachen mit ihrer großen Tradition.

Hans-Otto Schembs

»Weither suchen die Völker sie auf«

VOM MARKT ZUR MESSE

Die Frankfurter Messe, im besonderen die Herbstmesse als die ältere und ursprünglich einzige, entstand nicht durch einen königlichen oder kaiserlichen Verleihungsakt, und wir besitzen keine Urkunde, die uns Auskunft über ihre Entstehung geben könnte. Das Alter der Frankfurter Messe, so schrieb in der zweiten Hälfte des 19. Jahrhunderts der Historiker und Archivar Georg Ludwig Kriegk, sei »durchaus nicht zu bestimmen«. Und in Johann Philipp Orths ein Jahrhundert zuvor erschienenem Werk »Ausfürliche Abhandlung von den berümten zwoen Reichsmessen so in der Reichsstadt Franckfurt am Main järlich gehalten werden« findet sich die marginale Kapitelunterteilung »Mutmasung, wann der alte markt oder die herbstmesse eigentlich angefangen«. Wir aber wollen uns hier keinen Mutmaßungen oder Spekulationen hingeben, sondern mit der Frankfurter Handelsgeschichte von Alexander Dietz urteilen, daß sich die Frankfurter Herbstmesse »als eine von Alters bestehende, aus den Bedürfnissen der Gegend allmählich entwickelt« habe.

Im Jahre 794 wird Frankfurt, die königliche Pfalz »Franconofurd«, erstmals urkundlich erwähnt. Damals weilte Karl der Große hier mehrere Monate und versammelte im Juni geistliche und weltliche Würdenträger zu einer Reichssynode, die für die Christenheit wichtige Beschlüsse faßte. Frankfurt tritt uns fortan als Stätte bedeutender Reichsversammlungen, als Residenz der ostfränkischen Könige und – in unserem Zusammenhang besonders wichtig – als Mittelpunkt eines umfangreichen königlichen Grundbesitzes und auch als königliche Zollstätte entgegen. Die Pfalz verlor zwar unter den ottonischen und salischen Herrschern politisch an Bedeutung, die Pfalzgebäude verfielen sogar, aber die inzwischen entstandene Siedlung begann sich zu einem Marktort, ja zu einem Handelsplatz zu entwickeln. Dabei spielte eine wichtige Rolle die günstige Lage Frankfurts an dem weithin einzigen Übergang über den Main (einer Furt, seit dem 12. Jahrhundert einer Brücke), der schiffbar war und wo sich mehrere alte Handelsstraßen von Norden nach Süden und von Osten nach Westen schnitten und bündelten. Entscheidend aber waren königliche und kaiserliche Privilegien: 1074 befreite Kaiser Heinrich IV. die Wormser Kaufmannschaft von den Zöllen an den königlichen Zollstätten, von denen an erster Stelle Frankfurt genannt wird, und 110 Jahre später bestätigte Friedrich I. Barbarossa dieses Privileg und erweiterte es um den Grundsatz der Gegenseitigkeit. Diese beiden Dokumente markieren die Zeitspanne der wirtschaftlichen Entwicklung Frankfurts, während der hier eine Kaufmannschaft entstand. Sie wird bereits in einer Urkunde von 1180 erwähnt, mit der Barbarossa den Kaufleuten zu Wetzlar gleiche Rechte und Freiheiten verlieh, wie sie die Frankfurter besaßen.

In dieser Zeit hat sich in Frankfurt auch der ohne Zweifel schon länger bestehende Fruchtmarkt der königlichen Domäne Wetterau erheblich ausgedehnt. Dieser Markt fand statt nach beendeter Ernte um Mariä Himmelfahrt (15. August) beziehungsweise zur Zeit des Stiftungstages der Pfalzkapelle, der Salvatorkapelle (1. September 852). Die Landwirtschaft hatte damals, im 11. und 12. Jahrhundert begonnen, Überschüsse zu produzieren. Die geistlichen und weltlichen Grundbesit-

10

zer brachten auf den Kornmarkt die überflüssigen Getreidemengen, aber auch andere Güter wie Wein, Holz, Federvieh, Wolle, Wachs und Seife. Hinzu kam eine kräftige Entwicklung der Wollweberei in Frankfurt. So ist es nicht erstaunlich, daß in dieser Zeit, in der zweiten Hälfte des 12. Jahrhunderts, die Frankfurter Messe, wie wir diesen Markt schon jetzt nennen wollen, erstmals schriftlich genannt wird. Elieser ben Nathan aus Mainz (um 1090 bis um 1170), eine der führenden rabbinischen Autoritäten aus der Frühzeit des mittelalterlichen Judentums in Deutschland, spricht in seinem Talmud-Kommentar von Juden, »die zur Messe der Nichtjuden kommen« und »in einem Hof vier oder fünf Häuser mieten«; sie seien verpflichtet, sich vom Vermieter, sofern er Christ ist, an jedem Freitagabend die Erlaubnis zum »Eruw« geben zu lassen (dies ist eine Zeremonie, welche gestattet, am Sabbat etwas vom Hause in den Hof zu tragen). Als Beispiel einer solchen »Messe der Nichtjuden« nennt er einzig und allein jene in Frankfurt.

Zu Beginn des 13. Jahrhunderts tritt uns die Frankfurter Messe noch deutlicher entgegen. Schon 1227 hatte König Heinrich (VII.) den Bürgern der Stadt Regensburg gestattet, zu einer neu gestifteten Messe in Würzburg unter dem Geleit, das er den Königsmärkten zu Frankfurt und Donauwörth zugesagt habe, zu reisen. Wenige Jahre später, am 11. Juli 1240, gewährte Kaiser Friedrich II. im Feldlager bei der Belagerung von Ascoli allen zur Messe nach Frankfurt Reisenden sicheres Geleit:

»Wir Friedrich, von Gottes Gnaden erhabener Römischer Kaiser, König von Jerusalem und Sicilien, wollen durch dieses Schriftstück aller Welt bekannt machen, daß Wir alle insgesamt und jeden Einzelnen der zu den Messen nach Frankfurt Reisenden unter Unsern und des Reiches besonderen Schutz aufnehmen. Wir gebieten, daß niemand sie auf dem Hinweg zu diesen Messen oder auf dem Rückweg in irgendeiner Weise zu belästigen oder zu behindern wagen soll. Wer es dennoch wagen würde, soll wissen, daß er mit dem Zorn Unserer Majestät zu rechnen hat. Zur Einprägung diese Befehls haben Wir diese Urkunde darüber herstellen und mit dem Siegel Unserer Majestät bekräftigen lassen.«

Bei Ascoli also, einem Ort am Ostabhang der Abruzzen, entschied sich das Schicksal der Frankfurter Messe. Der königliche Fruchtmarkt in Frankfurt hatte sich mit dem Aufblühen von Handel und Gewerbe zu einer allgemeinen Reichsmesse entwickelt und mit dem vom Königsmarkt getrennten Markt der Bürger, soweit er nicht

Urkunde Kaiser Friedrichs II. von 1240, die allen zur Frankfurter Messe Reisenden sicheres Geleit gewährte

12

Wochenmarkt geblieben war, und mit dem Weihefest der Bartholomäusstiftskirche (24. August 1239) verschmolzen. Mit dieser – im Original lateinischen – Urkunde legte der Kaiser das Fundament zum Wachsen und Gedeihen der Frankfurter Messe.

Noch zu Kaiser Lothars von Supplinburg Zeiten (1125 – 1137) war Mainz, die alte erzbischöfliche Stadt, wirtschaftlicher Mittelpunkt des Rhein-Main-Gebietes gewesen. Zur Zeit der staufischen Herrscher änderte sich dies grundlegend, wie das Messeprivileg Friedrichs II. eindrucksvoll zeigt. Doch dies belegt nicht alle Veränderungen, die Frankfurt in der Ära der Staufer erfuhr: Frankfurt, das in der politischen Konzeption der Staufer eine wichtige Position einnahm, dehnte sich nach Westen aus und erhielt eine mächtige Befestigung, erstmals wird es als Stadt angesehen; an die Stelle des Vogtes trat der Schultheiß; die Bürger erhielten vom Kaiser Grund und Boden zum Bau einer Kirche, der Leonhardskirche, der zweiten Kirche nach der Bartholomäusstiftskirche; bereits Konrad III., der erste Staufer auf dem Thron (1135 – 1152), begann mit dem Bau einer neuen Pfalz, dem »Saalhof«; und zum ersten Mal wurde in Frankfurt ein König gewählt (1152 Friedrich Barbarossa), woraus sich eine Gewohnheit entwickelte, die mit der Goldenen Bulle 1356 sogar gesetzliche Verankerung fand.

Gegen Ende des 13. Jahrhunderts entstand neben der Herbstmesse allmählich ein Warenaustausch auch im Frühjahr, um die im Winter gewobene Leinwand, die frisch geschorene Wolle und den jungen Wein unverzüglich absetzen zu können. Hinzu kam, daß die Kreuzzüge neue Waren in den Gesichtskreis der Menschen treten ließen und daß durch die Erschließung des Ostens der Handel zugenommen und sich verlagert hatte. Die bisher zentralen und bedeutenden Champagnemessen verloren an Bedeutung, Frankfurt lag günstiger und konnte Ostpreußen, Polen, Schlesien, Böhmen, Österreich und Ungarn an das europäische Wirtschaftsgebiet anschließen. Frankfurt erkannte die Situation und handelt rasch: Am 25. April 1330 ließ es sich von Kaiser Ludwig dem Bayern, der der Stadt zu Dank verpflichtet war (sie war trotz Bann und Interdikt an seiner Seite geblieben), den Warenaustausch im Frühjahr zu einer gleichwertigen Messe privilegieren. Der Kaiser erlaubte den Bürgern, einen vierzehntägigen »Markt« in der Fastenzeit oder zu einer anderen genehmen Zeit einzurichten mit allen Rechten des Marktes, den sie nach alter Gewohnheit hatten. Fünf Jahre später bestimmte der Kaiser, der inzwischen die Erweiterung des Stadtgebietes um die »Neustadt« und eine neue Befestigung genehmigt hatte (1333), daß die den anderen Städten verliehenen Märkte lediglich als Wochenmärkte zu verstehen seien. Darüber hinaus schützte er 1337 die Frankfurter Messe gegen Neugründungen in anderen Städten, namentlich in Mainz.

Der Rat der Stadt setzte den Termin der neuen Messe auf die beiden Wochen zwischen Oculi und Judica (dem vierten und zweiten Sonntag vor Ostern) fest, was 1366 bei der neuerlichen Bestätigung der Meßprivilegien durch Kaiser Karl IV. fixiert wurde; die Herbstmesse war schon 1349 auf die Wochen vom 15. August bis 8. September urkundlich terminiert worden. Die Frühjahrsmesse (Fastenmesse) mußte allerdings häufig verschoben werden. So zwang ein früher Ostertermin wegen der oft noch zugefrorenen Flüsse zu einer Verlegung. Um 1400 wurde die Messe wegen des Aufschwungs um 14 Tage bis in die Karwoche hinein verlängert, was aber auf kirchliche Bedenken hin wieder zurückgenommen werden mußte. Später bewirkte die Kalenderreform Verschiebungen, und 1711 schließlich setzte man den Beginn

14

Ein Kaufmann reitet zur Messe nach Frankfurt,
Flugblatt des 16. Jahrhunderts, aus: Georg Steinhausen,
Kaufleute und Handelsherren in alten Zeiten, Leipzig 1899

der Frühjahrsmesse auf Dienstag nach Ostern fest, was
den − allerdings erfolglosen − Protest Leipzigs hervorrief. Die Herbstmesse begann zu dieser Zeit stets am
Montag um Mariä Geburt (8. September).

Auch wenn im Spätmittelalter, zu dem wir wieder
zurückkehren wollen, selbst in den kaiserlichen Urkunden die Frankfurter Messe stets als Markt oder Jahrmarkt (lateinisch nundinae oder mercatus) bezeichnet
wurde, läßt Ludwigs des Bayern Privileg von 1335 keinen Zweifel, daß sie gegenüber anderen Märkten »als
öffentliche allgemeine Reichsmesse anzusehen« sei und
auch angesehen wurde (Alexander Dietz). Das Wort
Messe steht ursprünglich für den christlichen Gottesdienst (385 erstmals verwendet, war es seit dem 5. Jahrhundert üblich); die Bezeichnung wurde dann übertragen auf einen kirchlichen Feiertag und schließlich auf
einen an einem solchen Tag in der Nähe der Kirche
abgehaltenen Markt. In dieser Bedeutung erscheint
Messe erstmals in einem Frankfurter Dokument, näm-

15

lich in einer Zoll- und Gewichtsordnung von 1329, in der es heißt: »ein clûder wollin in der messe daz gibt ein helbeling, und uzwendig der messe gibt iz nicht« (in der Messe gibt ein »Kluder« Wolle einen halben Pfennig, außerhalb der Messe nichts). Allgemein verbreitet ist das Wort Messe im Sinne von Markt erst im 15. Jahrhundert, und es schälte sich erst allmählich eine Anwendung auf größere und wichtigere Märkte heraus.

Daß im 14. Jahrhundert die Frankfurter Messe fast unangefochten ihre Stellung behauptete – nur die Jahrmärkte in Friedberg standen ihr zeitweise wenig an Bedeutung nach –, verdankt sie an erster Stelle kaiserlichen und auch päpstlichen Privilegien (Papst Bonifaz IX. gestattete 1398, den Gottesdienst während der Messe abzuhalten, selbst wenn exkommunizierte oder mit dem Interdikt belegte Personen sich in der Stadt aufhielten). Sie verdankt ihren Erfolg aber auch der wachsenden Souveränität der Stadt (1372 wurde Frankfurt durch Erwerb des Reichsschultheißenamtes freie Reichsstadt) und nicht zuletzt der günstigen Lage. Die Messe wurde Bindeglied des aufstrebenden deutschen Handels zwischen den beiden Wirtschaftsräumen Deutschlands, dem hansischen Raum im Norden und Oberdeutschland, wie es in der Bruderschaft der Meßfremden zu St. Nikolai sichtbar ist: Alljährlich wurden drei Brudermeister, einer aus dem »Oberland«, einer aus dem »Niederland« und als dritter ein Frankfurter Bürger gewählt.

Das 15. Jahrhundert dagegen war für die Frankfurter Messe eine kritische Zeit. Stark belastet wurde der Handelsverkehr durch die Vermehrung der Zollstätten, durch die Münzverschlechterung und das Raubrittertum, gegen das sich die Stadt, nur zum Teil erfolgreich, immer wieder zur Wehr setzte. Zollstreitigkeiten mit Köln, Straßburg und Nürnberg beeinträchtigten zeit-

16

weise die Frankfurter Messe, da diese Städte ihren Bürgern verboten, sie zu besuchen. Das eifersüchtige Mainz und die Reichs- und Handelsstadt Nürnberg machten in dieser kritischen Phase den Versuch, den Messehandel an sich zu ziehen. In dieser Situation bewährten sich die alten, stets erneuerten kaiserlichen Privilegien: So mußte Kaiser Sigismund, als Frankfurt ihm das Privileg Ludwigs des Bayern von 1337 vorlegte, die Erlaubnis für Nürnberg, eine Messe einzurichten, zurückziehen. Es entstanden zudem viele Landschaftsmessen, die zwar, der wirtschaftlichen Entwicklung Rechnung tragend, als lokale Verteiler an Bedeutung gewannen, dem Handel jedoch weniger abträglich waren als die Konkurrenz der größeren Städte. Zum größten und gefährlichsten Konkurrenten von Frankfurt entwickelte sich Leipzig, das seine Messen — zu Neujahr, Jubilate und Michaeli — in der Mitte des 15. Jahrhunderts ausbaute. Zog dies zunächst die Kaufleute aus den Ostländern keineswegs von Frankfurt ab, ja erweiterte sich sogar der Osthandel, was auch Frankfurt zugutekam, so setzten sich allmählich doch der Pelzhandel und später, Mitte des 17. Jahrhunderts, der Buchhandel in Leipzig fest. Und wenn wir einmal etwas vorausblicken: Im 18. Jahrhundert schließlich wurde Frankfurt von Leipzig überflügelt.

Trotz allem: Frankfurt hatte damals seine beherrschende Stellung behaupten können, Frankfurt wurde mit seiner Messe identifiziert. So schrieb Peter Tafur, ein kastilischer Edelmann, der 1436 Europa bereiste, daß Frankfurts Reichtum hauptsächlich durch die Messe begründet sei, eine Messe, die — heißt es bei ihm, der gerade von Antwerpen gekommen war — »zwar ganz gut, aber doch längst nicht so wie die von Antwerpen« sei. Auch Enea Silvio Piccolomini, der spätere Papst Pius II., der 1442 am Reichstag in Frankfurt teilnahm,

Der Römerberg während der M‹
von Johann Albrecht Jormanns Beschrei‹

lkupfer der dritten Ausgabe
Frankfurter Messe aus dem Jahre 1696

hebt die Messe hervor in seinem Reisebericht: »Frankfurt, an dem Maine gelegen, ist durch häufige Messen und durch die Kaiserwahl berühmt.«

Im 16. Jahrhundert, einem bewegten und bewegenden Jahrhundert, erreichte die Frankfurter Messe – von einigen Einschränkungen durch die Reformation, der sich Frankfurt offiziell anschloß, und durch Kriege abgesehen – ihren Höhepunkt und wurde zur Handelsmesse. Der Besuch der Messe war für jeden größeren Kaufmann eine Notwendigkeit, wie aus damaligen Geschäftsbüchern und Briefen hervorgeht. So besuchte der Nürnberger Kaufmann Balthasar Paumgartner von 1582 bis 1597 regelmäßig die Frankfurter Messen – mit Ausnahme einer, die er wegen einer Badekur versäumte. In Reiseberichten und Lobeshymnen finden sich weitere Belege. Die Messe erreichte einen immensen Umfang und wurde internationaler, an die Stelle der selbstverkaufenden Handwerker waren immer mehr die eigentlichen Kaufleute getreten, die Einfuhr ausländischer Waren und damit die Vielfalt der Handelsgüter hatte erheblich zugenommen. »Weither suchen die Völker sie auf und wandern die Menschen / Denn für die Waren der Welt ist sie der wimmelnde Markt«, dichtete Ulrich von Hutten 1510 über Frankfurt, und König Franz I. von Frankreich nannte es 1519 in einem Schreiben die berühmteste Handelsstadt fast der ganzen Welt (»celeberrimum non modo Germaniae, sed universi pene orbis terrarum emporum«). Die Frankfurter Messe wurde damals, wie man es im folgenden Jahrhundert formulierte, zum »Haupt aller Jahrmärkte auf Erden« (Thomas Lansius), zum »Kaufhaus der Deutschen« (Johann Justus Winckelmann).

Am Ende des 16. Jahrhunderts erschien die berühmteste Lobeshymne auf die Frankfurter Messe. Sie, in lateinischer Sprache abgefaßt, stammt vom Genfer

Buchdrucker Henri Estienne (Henricus Stephanus) aus der berühmten Pariser Buchdruckerfamilie. Estienne war in den 60er und 70er Jahren mehrmals auf der Frankfurter Messe gewesen und schildert sie mit großer Anteilnahme und Lebendigkeit. Er widmete sein Werk »Den Wohledeln und Wohlehrbaren Konsuln und dem Senat der berühmten Stadt Frankfurt«, und er erhielt von ihnen als Dank einen vergoldeten Silberbecher und ein Schreiben, in dem stand: »Und wir wünschen von Herzen, daß wir und die Bürger unserer Stadt den Fremden wirklich jene menschenfreundliche Gesinnung und jene Bereitschaft zur Wohltat erweisen können, die Du uns und den Unsrigen so reichlich und – wie wir uns nicht verhehlen wollen – wohl über unser Verdienst hinaus nachrühmst.«

WAREN – GÄSTE – HÄUSER

Übereinstimmend heben alle, die die Frankfurter Messe des Mittelalters besuchten und ihre Eindrücke literarisch niederlegten, die immense Fülle und die unglaubliche Vielfalt des Warenangebots hervor. »Zahllos wie die Fische im Meer und wie die Vögel im Wald / So viele Sterne der Himmel, so viele Waaren hat Frankfurt / Und Mercurius selbst füllet den Markt seiner Stadt«, schrieb Henri Estienne, und er meinte ferner, der Frankfurter Markt sei so mannigfach, daß er alle übrigen Märkte gleichsam in sich zusammenfasse, daß er »der Auszug aller Märkte«, der »Märkte Markt« sei. Im »Marktschiffergespräch« von Marx Mangold, hinter dem sich der lutherische Stadtpfarrer Konrad Lautenbach (1534 – 1595) verbirgt, unterhalten sich über ihre Messeeindrücke ein Brillenkrämer und ein Student, die sich kurz nach der Abfahrt auf dem Mainzer Marktschiff, der täglichen und wichtigsten Verbindung zwischen Mainz und Frankfurt, getroffen haben. Der Student, Estiennes Lobeshymne in der Hand, sagt: »Es ist kein Wahr so seltzam nicht / Die man da nicht bekäm ins Gesicht. / Was man erdenckt nur in der Welt / Das kriegt man allhie umb das Gelt: / Also dass man mag sagen frey / Dass zu Franckfurt die Hauptmess sey.« Und Thomas Coryate, ein Engländer, der 1608 Deutschland, Frankreich und Italien bereiste, notierte über die Frankfurter Messe: »Ich erblickte allda einen unglaublichen Reichtum, also daß es einem Menschen unmöglich ist, solches in seinem Geiste zu begreifen, er habe es denn mit leiblichen Augen gesehen ... Die Reichtümer so ich auf dieser Messe sah, waren unermeßlich.«

In seiner Frühzeit, im 14. und 15. Jahrhundert war das Messegeschehen in Frankfurt vom Tuchhandel beherrscht worden. In dieser Branche begegnen uns 167 Unterkäufer (Makler) während der Herbstmesse 1406, und die allenthalben angesehenen Wollweber gehörten zu den wichtigsten Messegästen. Sie kamen – abgesehen von den Frankfurter Webern selbst (200 gab es damals hier) – aus dem hessischen und nassauischen Hinterland Frankfurts, vom Mittel- und Niederrhein und verkauften ihre Tuche und erwarben Rohwolle und Farbstoffe. Auch die aus englischer Wolle gefertigten feineren niederländischen Tuche aus Löwen, Mecheln, Maastricht, Brüssel und St. Trond wurden angeboten. Später erschienen dazu die Baumwollweber aus Ulm, Nördlingen und anderen süddeutschen Städten, die Leinwandweber aus Oberhessen und Fulda, aus Münster und Osnabrück, aus Konstanz und St. Gallen. Hinzu gesellten sich viele andere Handwerker: Gerber, Schuhmacher, Schreiner, Hutmacher, Töpfer, die verschiedenen Metallarbeiter wie Zinngießer, Harnischmacher und Waffenschmiede aus Nürnberg, Sensen-, Sichel- und Nagelschmiede aus Siegen, Schmalkalden und Suhl – sie alle tauschten ihre Waren auf der Frankfurter Messe gegen Rohstoffe ein.

Fische aus Lübeck, nordische Pelze und Felle, Wachs, Papiere, Färbe- und Gerbstoffe aus Erfurt und Breslau begegnen uns unter den Handelsgütern der Messe; ferner Alaun, Galläpfel, Vitriol und Weinstein, Metalle (vor allem Kupfer seit der zweiten Hälfte des 16. Jahrhunderts, dessen Preis auf der Frankfurter Messe festgesetzt wurde) und Metallwaren; kunsthandwerkliche Erzeugnisse namentlich aus Nürnberg, auch aus Augsburg,

Engeländischer Bickelhär

nemer Händler vnd Jubilirer / m̃

in die

Englischer Pickelhäring als Hä
Kupferstich von Mat

f der Frankfurter Messe,
erian d. Ä. 1629

Ulm, Straßburg und Braunschweig; Südfrüchte und Spezereien, besonders orientalische Gewürze, Pfeffer, Ingwer, Lorbeer, Muskatnüsse oder Safran aus Valencia (1436 warnten einmal Deputierte der spanischen Provinz Kastilien vor gefälschtem und verfälschtem Safran); Buchen- und Eichenholzstämme zum Bauen, Glaswaren aus Venedig; Juwelen, Gold- und Silberarbeiten, Galanteriewaren aus Frankreich, Teppiche und Edelsteine aus Holland; Modewaren wie Bänder, Garn, Knöpfe, Hosen, Hüte, Leder, Stiefel, italienische Samt- und Seidenstoffe, Rohseide und Zierblumen aus der Schweiz...
Henri Estienne hebt besonders Werkzeuge zur Rationalisierung der Arbeit hervor: »Diese Messe hat seit einer ganzen Reihe von Jahren ihre Lieferung von metallenen Geräten aller Art so weit ausgedehnt, daß sie uns schließlich auch Werkzeuge geboten hat, mit deren Hilfe ein einzelner Mann das leisten kann, was sonst die vereinten Kräfte gar vieler Leute erfordert.« Als Beispiele nennt er die »Armmühlen« und diverse Hausgeräte wie einen Bratspieß, für dessen Bedienung kein Personal mehr notwendig sei.

Daß diese Überfülle des Warenangebots auch ihre Kritiker fand, ist verständlich: 1517 erschien eine Streitschrift »Gegen Verführung zu Konsum und eitlen Aufwand«, die sich gegen die Frankfurter Messen und die Zurzacher und Straßburger Märkte richtete, und Martin Luther bezeichnet in seiner Schrift gegen den Wucher Frankfurt als das »Silber- und Goldloch«, »dadurch aus deutschen Landen fleußt, was nur quillt, wächst, gemünzt oder geschlagen wird bei uns«.

Auf der Frankfurter Messe trafen sich die oberrheinischen, fränkischen und schwäbischen Kaufleute, die mit Italien handelten, und die Hansekaufleute, die niederrheinischen unter Kölns Führung und die niederdeutschen unter Lübecks Führung. So brachten die Regens-

26

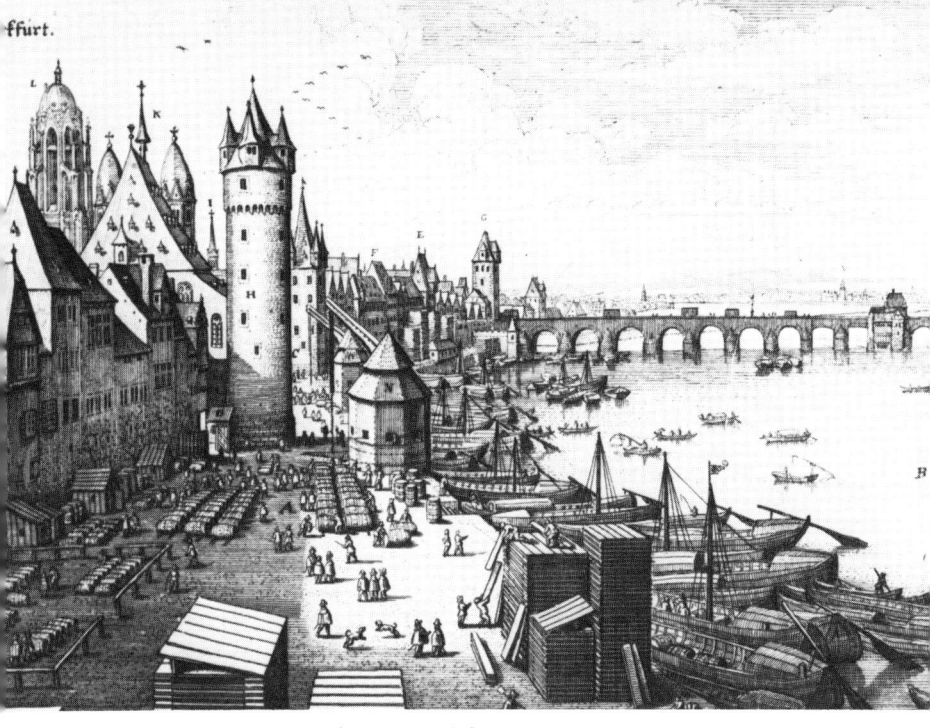

Der Weinmarkt in Frankfurt am Main,
Kupferstich von Matthäus Merian d. Ä. 1646

burger Kaufleute die Waren aus dem Süden und kauften
brabantische, niederrheinische und hessische Tuche,
während beispielsweise der in Lübeck ansässige Nürnberger Kaufmann Mathias Mulich Samt, Atlas und viele
Luxuswaren aus Italien hier für die dänische Königin
einkaufte. Es trafen sich Kaufleute aus Lothringen und
Thüringen, aus Sachsen, Schlesien und Böhmen, aus
Posen, Krakau, Lemberg, Brünn, Ofen, Innsbruck, Isny,
Bern, Fribourg, Besançon, Epinal, Metz, Ypern, Brügge.
Eine Liste aus dem Jahre 1394 nennt 117 Städte, aus
denen Kaufleute nach Frankfurt kamen.

Gegen 1600 erreichte der Kreis der die Messe besu-
chenden Ausländer seine größte Ausdehnung. Die italienischen Kaufleute aus Mailand, Como, Florenz, Rom,

27

Genua, Pisa, Venedig, Lucca, Neapel, Verona hatten die oberdeutschen abgelöst, und von Nordwesten waren immer mehr Großkaufleute aus Antwerpen und aus Valenciennes, Armentiêres, Tournai und Mons anstelle der zuvor dominierenden Kölner und Nürnberger Häuser gekommen. Auch aus Prag, Breslau, Görlitz, Danzig, Königsberg, Riga und Reval stellten sich Kaufleute ein. Mit ihnen allen erhöhten sich auch Umfang und Vielfalt der Waren: der Kolonialwaren und englischen Tuche, der ostindischen Spezerei-, Material- und Farbwaren, der italienischen und niederländischen Seiden- und Halbseidenstoffe. Es erweiterte sich der Kreis der Käufer und der Umfang der Einkäufe: So entfielen im Jahre 1583 knapp ein Viertel der Ausgaben des hessischen Fürstenhauses für Hofhaltung und den Hofstaat auf Messeausgaben in Frankfurt.

Neben dem allgemeinen Messeverkehr hatte sich unter den Gütern des alten landwirtschaftlichen Königsmarktes besonders der Weinmarkt am Mainufer beim Leonhardstor entwickelt, wo schon 1331 zum Ausladen der Fässer aus den Schiffen eiserne Krane aufgestellt worden waren. Den größten Absatz fand der Elsässer Wein, der als der feinste galt, aber auch die mittelrheinischen Gewächse waren beliebt. Zu Schiff gelangten sie nach Frankfurt, wo sie verkauft, verladen und auf der Straße nach Norden weiterbefördert wurden.

Eine Sonderstellung nahm ferner der Pferdemarkt ein, der den großen Bedarf an Zug- und Reitpferden deckte. Er fand anfangs auf dem »Rossebühel« statt, dem nördlichen Ende der Neuen Kräme, dem späteren Liebfrauenberg, und wurde in der ersten Hälfte des 14. Jahrhunderts nach der Stadterweiterung auf den freien Platz vor der Katharinenpforte, also auf den »Roßmarkt« verlegt. »Dann auff dem Rossmarckt, glaube mir«, so heißt es im »Marktschiffergespräch«, »Sovil Pferdt werden gritten

28

Die Römerhalle,
kolorierter Kupferstich von Heinrich Lautensack 1553

für / Und stehn sovil in Ställen hrumb / Dass schir unsäglich ist die summ: / Also dass einr möcht sagen schier / Es wern all Pferdt beysamen hier / Auss gantz Teutschem und Welschem Land / Darzu auss Dänne-marckt bekandt / Desgleichen auss Polen, Wallachey / Auss Ungarn und der Türckey / ... / Ich hab Pferdt sehen pietten dar / Zur zwey, drey hundert Cronen par / Die etwan da ein kauffen lassen / Fürsten und Graffen zu Leibrossen.«

Schon vor Erfindung des Buchdrucks mit beweglichen Lettern durch Johannes Gutenberg um 1450 wurden auf der Frankfurter Messe Schriftwerke, also Handschriften

gehandelt, danach entwickelte sich Frankfurt zur Messezeit rasch zum Treffpunkt des deutschen und europä-
ischen Buchhandels. Auf Planwagen brachten die Buch-
erzeuger ihre Neuigkeiten in Fässern verpackt zur Buchmesse, zur »Messe der Musen«, zur »Akademie der Musen in Messeform«, wie Henri Estienne schreibt, die
nicht nur die Messe Merkurs an Würde übertreffe, sondern mit ihr auch in der Fülle des Dargebotenen wett-
eifere. In der Gegend der Buchgasse, wo auch die re-
nommierten Frankfurter Drucker und Verleger ansässig
waren, trafen sich die Buchdrucker (1478 war als erster
ein Baseler gekommen) mit den gelehrten Autoren, mit
Dichtern, Rednern, Geschichtsschreibern und Philoso-
phen, mit Holzschneidern und Kupferstechern, mit Pa-
pier- und Ledereinbandherstellern; dort verkaufte auch
die Ehefrau Albrecht Dürers Holzschnitte und Kupfer-
stiche ihres Mannes. Aus Löwen, Oxford, Cambridge,
Venedig, Padua, aus Böhmen, Polen, aus Nürnberg,
Augsburg, Leipzig, Heidelberg und Wittenberg kamen
die Humanisten und Theologen, so daß man nicht den
Eindruck habe, wie Estienne schreibt, dies sei ein Ort in
Deutschland, der den Namen Frankfurt trage, sondern
das antike Athen. In den Meßkatalogen, von denen der
erste 1564 durch Georg Willer aus Augsburg herausgege-
ben wurde und die seit 1598 offiziell erschienen, waren
die Neuerscheinungen verzeichnet. Auch Thomas Coryate, der Reisende aus England, war von der Buchmesse
fasziniert: »Alsdann ging ich in die Büchergaß und erblickte daselbst eine solch unendliche Fülle von Büchern,
daß es zum Staunen war. Denn diese Gasse übertrifft
bei weitem den Sankt Pauls Platz zu London und die
Sankt Jacobs Gasse zu Pariß und die Merceria zu Vene-
zia, und alles, so ich auf meinen Reisen sah.«
Ursprünglich hatte sich das gesamte Marktgeschehen
an der Bartholomäusstiftskirche, dem Dom, sowie am

Rathaus abgespielt – das Rathaus lag vor 1405, als die Stadt das Haus zum Römer erwarb, an der Stelle des heutigen Domturmes. Auch die Gegend des Kornmarkts gehörte zu den frühen Handelsplätzen in der Stadt. Vor allem bedingt durch kirchliche Verbote, Handel am Dom zu treiben, erfolgte eine Verlegung des Marktes an den Main beim Fahrtor, von dem aus er sich nordwärts ausdehnte entlang der Achse Römerberg, Neue Kräme, Liebfrauenberg. Die stattlichen Häuser dieser Gegend mit ihren gewölbten, zur Straße offenen Untergeschossen, den großen Logierstuben darüber, mit Lagerräumen und Stallungen entstanden aus den Bedürfnissen des Messeverkehrs – wie auch durch und mit der Messe sich die Schicht der patrizischen Großkaufleute Frankfurts bildete. Während der Herbstmesse 1361 waren 117 Häuser an auswärtige Kaufleute als Wohn- und Handelsquartiere vermietet, vorwiegend zu beiden Seiten dieser Achse.

Zu den wichtigsten Häusern gehörten damals – und zum Teil über Jahrhunderte hinweg – der Saalhof, der, im Besitz der Witwe des Drude Knoblauch, als »Gewandhaus«, als Verkaufshaus niederländischer Tuche diente, das Haus zum Römer, die Häuser Limpurg, Braunfels, Paradies, Lichtenstein, Frauenstein, Laderam, Geisler, Roter Kopf und der Glauburger Hof (der spätere Nürnberger Hof). Es herrschte bald auch wieder reges Leben am Dom, wo Stadtwaage und Mehlwaage standen und wo das repräsentative »Leinwandhaus«, mit Zinnenkranz und Ecktürmchen, 1396/99 errichtet worden war, in dem alles Leintuch, das zum Verkauf kam, von städtischen Beamten gemessen wurde.

Als der Raumbedarf größer wurde, stellte man Meßbuden auf den Römerberg, erstmals in der Mitte des 16. Jahrhunderts. Thomas Coryate fand die unermeßlichen Reichtümer »insonderheit an einer gewissen Stelle,

Unter dem Roemer genannt, allwo die Goldschmiede ihre Läden hatten, und war dies der glorreichste Anblick meines Lebens«, und er hebt noch besonders die Buden der Nürnberger hervor. Auch der Kreuzgang des ehemaligen, 1529 aufgelösten Barfüßerklosters wurde an Meßfremde vermietet; zahlreiche Meßbuden standen am Mainufer, unter denen die Bamberger Hütten bekannt und berüchtigt waren. 1692 heißt es, die ganze Stadt sei ein Markt und der Markt in der ganzen Stadt. Das »Frankfurter Meß-Schema«, ein Katalog aller Aussteller mit Angabe ihrer Gewölbe und Stände, gibt − Ende des 18. Jahrhunderts − davon beredt Zeugnis. Außer den Ständen und Buden waren noch viele Tische, Kisten, Bänke und Karren vorhanden, auf denen feilgehalten wurde, so daß insgesamt etwa 1500 Verkaufsplätze die Häuser und Straßen der Stadt füllten und viele tausend Meßfremde − man spricht von 40 000 − hier weilten.

Die Vermietung der Häuser und Standplätze war, abgesehen von den ohnehin erfreulichen Einnahmen zur Messezeit, ein guter und regelmäßiger Verdienst der Bürger wie der Stadt. Der Preis für ein Bett betrug messentlich ein bis zwei Gulden, für die der Hausherr auch Hausrat, Heizung, Licht und erforderliche Mägde zum Kochen und Reinhalten zur Verfügung stellte. »Sie wohnen fast alle so gut, daß es kein Wunder sein würde, wenn sie ganz vergäßen, daß sie nur Gäste sind, und wenn sie meinten, sie wohnten nicht in einer Mietwohnung, sondern im eigenen väterlichen Haus«, meint Henri Estienne, der zudem die Liebenswürdigkeit und die Gastfreundschaft der Frankfurter lobt. Man war eben genügsam. Die Frankfurter rückten zusammen, nahmen keine überhöhten Preise, und die Gäste schliefen zu mehreren in einer Stube und, wenn es sein mußte, auch mal zu zweit in einem Bett. Schon seit dem 16. Jahrhundert übernahmen zunehmend Herbergen die Über-

Das Haus Braunfels vor dem Umbau 1694, rekonstruieren-
des Aquarell von Carl Theodor Reiffenstein 1853

Frankfurter Messegäste,
Ausschnitt aus einem Flugblatt um 1500

nachtungsfunktion, deren Zahl dann im 18. Jahrhundert
von 65 auf das Doppelte stieg und die einen weitverbrei-
teten guten Ruf besaßen.

In der Regel wohnten die Messekaufleute nach ihrer

Herkunft und auch nach ihrem Gewerbe zusammen. Viele Häuser in Frankfurt trugen daher ihre Namen: Nürnberger, Augsburger, Ulmer, Basler, Straßburger Hof, Haus Limpurg, Schwalbach, Brabant, Brüssel. Die Wollweber — die frühesten Messebesucher — hatten die besten Häuser gemietet, so 1383 die Aachener das Haus Braunfels am Liebfrauenberg (das mehr als 200 Jahre ihr Domizil war), die Seligenstädter das Haus Wedel gegenüber dem Salzhaus, die Limburger, Schwalbacher und Oberweseler das Haus Limpurg (das spätere Haus Löwenstein), die Gelnhäuser das Haus Laderam (Alten-Limpurg), die aus Montabaur das Haus Lichtenstein, die aus Düren das Haus Eisenberg des Wicker Frosch (Neue Kräme/Sandgasse). Würzburger Kaufleute hatten sich im Haus Wolkenburg eingemietet, und beispielsweise die Brüder Birckmann aus Köln im »Steinhaus« der Witwe Margaretha Gülfferich bei St. Leonhard (im Jahre 1567 auf zwölf Jahre).

Größte Messeherberge war der Nürnberger Hof, ein langgestreckter Komplex zwischen Markt und Schnurgasse, den Ende des 15. Jahrhunderts der Kaufmann und Kunstmäzen Jakob Heller erworben hatte. In der Herbstmesse 1556 gründeten die Kaufleute, die zur Messezeit dort wohnten und geschäftlich verbunden waren — nicht nur Nürnberger, sondern auch aus Breslau, Lübeck, Danzig, Polen, Riga, Zürich, Lyon, insgesamt mehr als 100 — eine Schwagerschaft, und sie gaben sich eine Tischordnung, die unter anderem Strafen festsetzte für den, der bei Tische fluchte oder das Tischgebet vergaß, und die die Reihenfolge des Zugreifens bestimmte.

Nicht nur Handwerker und Kaufleute stellten sich zu den Messezeiten in Frankfurt ein, auch Kauflustige von nah und fern deckten hier ihren Eigenbedarf, und es kamen viele Gäste jeden Standes und Berufes, die sich vom Messetreiben Gewinn oder Zerstreuung erhofften – oder die neuesten Nachrichten erfahren wollten, deren es bei der Internationalität des Publikums viele gab. Dies veranlaßte einen findigen Kölner 1588 und drei Jahre später den Frankfurter Pfarrer Konrad Lautenbach, noch weit erfolgreicher als der Kölner, sie gedruckt herauszugeben: die »Relationes historica«, die »Frankfurter Meß-Relationen«, als Vorläufer unserer Tageszeitungen entstanden.

»Der Damen gross und klein, auch Fürsten, Grafen, Herrn / ... / Domherren, Edel-Leudt, Canonici und Pfaffen / Münch, Nonnen, Burgersleut ... / Das Landvolk kauffte ein, Soldaten, Officier, Beampte, Bauersleut, viel arme Stieffelschmierer«, so umreißt die »Ausführliche Beschreibung der weitberühmten ansehnlichen Franckfurter Meß« den Personenkreis der Messegäste. Dieses Werk erschien unter dem Pseudonym Adrianus Teutonicus erstmals 1688 und, etwas ausführlicher, 1694 und 1696 erneut. Es stammt aus der Feder des Obristen Johann Albrecht Jormann (1636 – 1692) und gibt einen anschaulichen Stimmungsbericht der Frankfurter Messe, von ihrem »Gewimmel und Getümmel«, aus der zweiten Hälfte des 17. Jahrhunderts.

Während der Messen ließen Fiedler und Spielleute ihre Melodien erklingen, traten Harfner, Sänger, Erzähler und Schauspieler auf, unter denen die englischen Komödianten die ersten waren und ihr »Pickelhäring«, der Spaßmacher, besondere Aufmerksamkeit erregte. Quacksalber, Zahnbrecher und sonstige Wunderdoktoren kamen. Steinfresser und Seiltänzer zeigten ihre Künste wie auch die Kunstfechter, für die die Frankfurter Messe wichtig war, denn unter ihnen, den Marxbrüdern und den Prager Federfechtern, durfte nur der sich Meister des langen Schwertes nennen, der den Titel hier nach bestandener Probe erworben hatte. 1443 wurde der

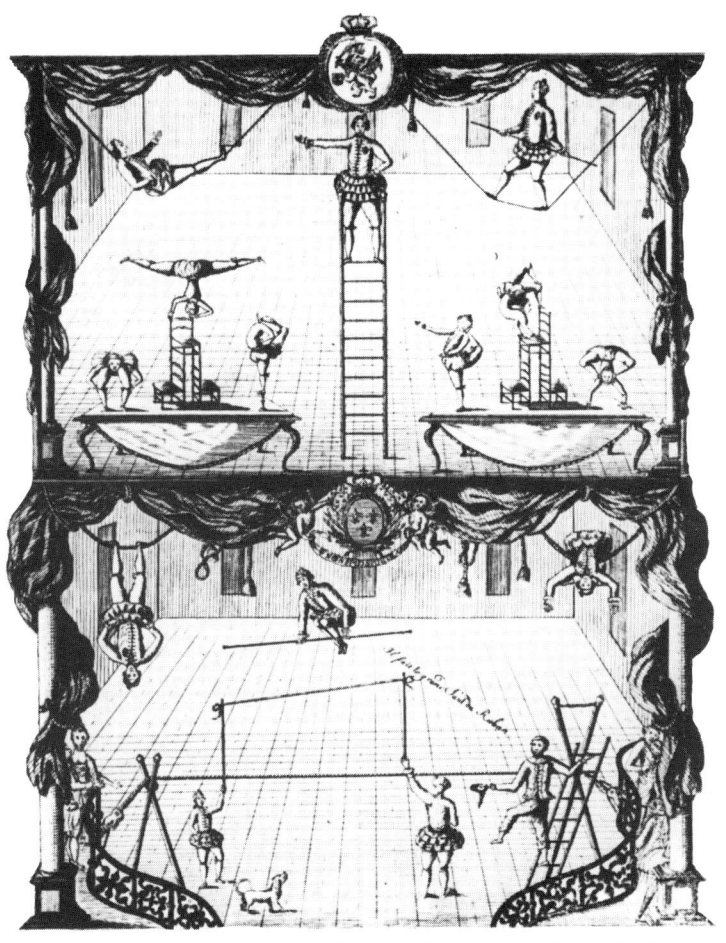

Artisten auf der Frankfurter Messe, Flugblatt 1776

erste Elefant bestaunt, dem im Laufe der Zeit die größten
Seltenheiten an lebenden Tieren folgten: Auerochsen,
Stachelschweine, Tiger, Löwen, Pelikane; noch 1801
staunte Graf Salich über die »wilden Tiere, welche auf
dem Platz vor der Hauptwache zu sehen waren«. Mund-

und Fußkünstler weckten ebenso die Neugier des Publikums wie Riesen und Zwerge, besonders eine klavierspielende Zwergin. Zuspruch fanden ferner die Polichinellenkasten (Kasperletheater), später nicht minder Wachsfiguren. Auch Till Eulenspiegel erschien auf der Frankfurter Messe und trieb seinen Schabernack: Als er sah, wie ein Händler alexandrinischen Moschus teuer verkaufte, kam ihm der Gedanke, Dreck in einen Beutel zu tun und als Moschus feilzuhalten. Zu seiner Freude gelang es.

Besonderer Beliebtheit erfreuten sich, bis weit ins 19. Jahrhundert hinein, die »Englischen Reiter«. Friedrich Stoltze (1816 – 1892) erklärt uns: »Der Hauptanziehungspunkt bei der Mess warn awer die Hitte uffem Baradeplatz. Des Wort ›Juxplatz‹ war dazemal noch net erfunne. Merr war noch net so dief in de eigentliche Begriff von em Jux eigedrunge. Merr hat dummer Weis noch gemeent, merr könnt aach außer der Messzeit noch juxe. Awer mit dem Wort ›Hitte‹ konnt merr sich im alte Frankfort ganz unmeglich errn. E Hitt und e Bud warn bei de damalige Messe dorchaus verschiedene Begriffe. E Cerkus war e ganz unbekannt Fremdwort, deß nor dorch ›Englisch Reiterhitt‹ ins Deutsche ze iwersetze gewese wär.«

Für die Messegäste gab es noch viele andere Zerstreuungen, für manchen Kaufmann zu viele, wie für den Nürnberger Paumgartner, der in einem Brief seufzt, er habe die Messe satt »wie mit Löffeln gegessen«. Im »Heissenstein« am Steinweg (ab 1410 an der Katharinenpforte), einem Spielhaus, das der Rat der Stadt damals einige Jahrzehnte selbst betrieb und dessen Umsätze – 10000 Würfel wurden in einem Jahr angeschafft! – erheblich gewesen sein müssen, konnten sie sich dem Spiel widmen, auch essen und trinken. Beliebt waren damals wie später die Weinschiffe aus

38

Aßmannshausen und St. Goarshausen, aus Bacharach und St. Goar, aus Wertheim und Miltenberg, die am Mainufer festmachten und auf denen Tag und Nacht Wein ausgeschenkt, geschmaust und Musik gemacht wurde.

Schließlich gesellten sich zu den – nicht immer ob der unerlaubten Konkurrenz glücklichen – einheimischen Dirnen in Messezeiten noch viele aus Frankfurts Umgebung, die von den Wirten Kost und Logis erhielten und bei ihnen für steigenden Umsatz sorgten. Das Doppelte des gewöhnlichen Wochenzinses mußten die Dirnen zu Messezeiten an den »Stöcker«, den Henker, der ihr Aufseher war, zahlen. Zahlreiche Bettler stellten sich ein: »Sie pflegen wol die ersten zseyn / Mit alten, jungen, gross und klein. / Geritten, gfahren, und gegangen / Mit vil Kindern an sich hangen / Auff zwantzig, dreissig Meil fürwar / Hab ich sie sehen kommen dar«, erklärt der Brillenkrämer im »Marktschiffergespräch«.

Mit manchen Verordnungen mußte sich die Stadt, vor allem in unruhigen Zeiten wie während des Fettmilch-Aufstandes (1612 – 1616), gegen das Treiben des Gesindels zur Wehr setzen; auch in der »Visitationsordnung« von 1614 geht die Stadt im Abschnitt über die Messestandsgelder auf die Bitte der Kaufleute ein, etwas gegen die »Störger« (unbefugt Handelnde, Quacksalber) zu unternehmen. Die Obrigkeit achte sehr auf Frieden, stellt der Student im »Marktschiffergespräch« fest, und er betont, daß trotz des vielen Gesindels und der Menschen verschiedener Sprachen, Kleidung, Gemüt und Sitten es keinen Hader, kein Zanken, Balgen und Morden auf der Frankfurter Messe gebe.

Einholung der Messegäste durch
historisierendes Aqu

…iter an der Sachsenhäuser Warte,
Emil Rumpf um 1900

»Eine andere, noch viel seltsamere Feierlichkeit«

ZEREMONIEN — BRÄUCHE — GEWOHNHEITEN

Jede Frankfurter Messe begann, ehe der Geschäftsbetrieb offiziell einsetzte, mit einer Ouvertüre: mit dem Einholen des Geleits. »Kommt denn der Gleits-Tag an, so freut sich Jung und Alt / Zumahl wenns Wetter gut, nicht windig, naß und kalt / Da siehet man, wie sich fast alles regt und weget / Und zu der Gleits-Tags-Lust beyträget«, dichtete 1747 ein Anonymus. Johann Wolfgang von Goethe schreibt im 1. Buch von »Dichtung und Wahrheit«: »Am Geleitstag war das ganze Volk auf den Beinen«, und er schildert, daß sich die Menschen bis Sachsenhausen drängten und daß alle Fenster besetzt waren, obwohl sich am Tage gar nichts tue, sondern erst mit sinkender Nacht und daß das eigentliche Geschehen »mehr geglaubt als mit Augen gesehen« würde.

Am Morgen eines solchen Geleitstages, der im 18. Jahrhundert auf Mittwoch beziehungsweise Donnerstag der Karwoche und auf den Donnerstag vor der um Mariä Geburt beginnenden Herbstmesse fiel, herrschte im Rahmhof — wo heute die Börse steht — ein reges Treiben. »Da wird in proprer Pracht die Reutherey rangiret.« Pferde wurden gesattelt, drei Kompanien in farbenprächtigen Uniformen, die Offiziere in Blau und Gelb waren angetreten, Ratsherren erschienen und setzten sich hoch zu Roß. Im Laufe des Tages ritt man, während von der Alten Brücke Freudenschüsse abgefeuert wurden und die Bäcker die großen Geleitsbrezeln anboten, durch die von Menschen gesäumten Straßen bis an die Grenzen der Stadt, übernahm dort das Geleit vom jeweiligen benachbarten Landesherrn, bewirtete dessen Geleitsreiter, begrüßte die Kaufmannszüge und geleitete diese dann in die Stadt hinein bis zu ihrem Quartier.

Ohne viel Pomp geschah das Geleiteinholen an der Galluswarte, an der Bockenheimer und Friedberger Warte – dort wurde das Wetterauische Geleit von einem Darmstädter Kavalier in Begleitung von vierzehn Berittenen mit entblößtem Degen und zeremonieller Meldung übernommen –, feierlicher am Affentor und am Riedhof. Am prunkvollsten wurden die Nürnberger Kaufleute, mit denen 1422 eine feste Geleitsordnung vereinbart worden war, empfangen; sie trafen lange Zeit in Oberrad ein, seit der Mitte des 18. Jahrhunderts an der Sachsenhäuser Warte. Das 1767 von Stadtbaumeister Liebhardt im Hof dieser Warte errichtete Gebäude besaß nicht nur Wohnungen für den Förster und den Wartmann, sondern im vorspringenden, mit einem eigenen Eingang versehenen Mittelteil eine Stube für die »Geleitsherren«, die dort warteten, bis sich die Nürnberger auf der Babenhäuser Landstraße näherten.

Zu dieser Zeit war das Geleiteinholen allerdings nur noch eine traditionelle Zeremonie, das Geleitwesen hatte sich eigentlich schon seit dem ewigen Landfrieden Kaiser Maximilians von 1495 zu einer Zollgerechtigkeit entwickelt. Das Geleit geht zurück auf die uns bekannten Privilegien Heinrichs (VII.) von 1227 und Friedrichs II. von 1240. Der darin zugesicherte kaiserliche Geleitschutz wurde den Messebesuchern in der Weise gewährt, daß im ganzen Reich acht Tage vor und acht Tage nach der Messe die Landesherren, durch deren Gebiet die Fremden reisten, verpflichtet waren, diesen zum Schutz ihrer Person und der Waren gegen ein Entgelt (Geleitsgeld) Geleitsbriefe auszustellen und eine militärische Be-

Der Nürnberger Hof,
Aquarell von Carl Theodor Reiffenstein 1849

44

gleitung mitzugeben. Oft waren für einen Kaufmannszug — der übrigens nicht immer aus einer Stadt, sondern auch aus einer Landschaft die Kaufleute vereinte — wegen der territorialen Zersplitterung viele Geleitsbriefe nötig, um 1400 beispielsweise neun zwischen Nürnberg und Frankfurt.

Im großen und ganzen bewährte sich das Geleitswesen. Es war allerdings — im 14. Jahrhundert — vorgekommen, daß sich ausgerechnet einige Geleitsherren als Raubritter betätigten; auch geschah es, daß ein Landesherr das Geleit brach, wie der »Aufruf« des Frankfurter Bürgers Johann von Löwenstein wider Landgraf Ludwig von Hessen 1438 zeigt (auf dem Aufrufplakat sind der Landgraf und sein Wappen umgekehrt an einem Galgen hängend abgebildet). Im Dreißigjährigen Krieg gewann das Geleitswesen kurzzeitig noch einmal praktische Bedeutung. Sowohl der kaiserliche Feldherr Tilly als auch Wallenstein sicherten den Messekaufleuten freies Geleit zu, und selbst König Gustaf Adolf von Schweden, der zwar von einer Besetzung der Stadt nicht absah, aber doch am Erhalt der Messe interessiert war (»So lang der Mayn herunder laufe, wie er lauf, werden die handlungen von der Statt Frankfurt nicht gezogen werden«), befahl 1632 seinen Offizieren und Soldaten den Schutz der zur Frankfurter Herbstmesse ziehenden Handelsleute.

Bis zum 16. Jahrhundert zog das Frankfurter Geleit den Kaufmannszügen bis weit über die Grenzen der Stadt hinaus entgegen, bis Rüsselsheim, Mainz, Oppenheim, Aschaffenburg, Babenhausen, Gelnhausen, Gießen, Wetzlar, Friedberg oder Königstein, danach nur noch bis zur Stadtgrenze. Wichtigster Geleitsherr der Umgebung war der Erzbischof von Mainz. Ihm stand zum Beispiel das Nürnberger Geleit von Miltenberg über Seligenstadt — wo jeder, der zum ersten Mal zur Frankfurter Messe reiste, aus einem riesigen Holzlöffel den ihm angebotenen Wein in einem Zug leeren mußte – und Steinheim bis Frankfurt zu.

Eine andere Zeremonie, die gleichfalls die lange Tradition der Frankfurter Messe deutlich macht und die auf die Privilegien Heinrichs IV. und Friedrich Barbarossas von 1074 und 1184 zurückgeht, war das Pfeifergericht zur Herbstmesse. »Eine andere, noch viel seltsamere Feierlichkeit, welche am hellen Tage das Publikum aufregte, war das Pfeifergericht«, schreibt Goethe in »Dichtung und Wahrheit« (1. Buch). »Es erinnerte diese Zeremonie an jene ersten Zeiten, wo bedeutende Handelsstädte sich von den Zöllen, welche mit Handel und Gewerb in gleichem Maße zunahmen, wo nicht zu befreien, doch wenigstens eine Milderung derselben zu erlangen suchten. Der Kaiser, der ihrer bedurfte, erteilte eine solche Freiheit, da wo es von ihm abhing, gewöhnlich aber nur auf ein Jahr, und sie mußte daher jährlich erneuert werden. Dieses geschah durch symbolische Gaben, welche dem kaiserlichen Schultheißen, der auch wohl gelegentlich Oberzöllner sein konnte, vor Eintritt der Bartholomäimesse gebracht wurden, und zwar des Anstands wegen, wenn er mit den Schöffen zu Gericht saß.« Den jungen Goethe hat diese Zeremonie wohl besonders beeindruckt, da sein Großvater als Schultheiß unmittelbar beteiligt war.

Über Ablauf und Sinn des Pfeifergerichts sind wir auch durch eine 1752 erschienene Abhandlung von Johann Henrich Hermann Fries unterrichtet. Jeweils am Sitzungstag des Schöffengerichts vor Mariä Geburt zogen, von Einheimischen und Fremden angestaunt, von ihrer Herberge im Roten Männchen in der Alten Mainzer Gasse Abgesandte der Städte Nürnberg, Worms und Alt-Bamberg zum Römer und in den Kaisersaal; sie wurden begleitet von drei, von Nürnberg gestellten

Noten des Pfeifermarschs, aus: Johann Henrich Hermann Fries, Abhandlung vom sogenannten Pfeifer-Gericht, Frankfurt am Main 1752

Pfeifern, die auf Schalmei, Baß und Oboe eine bestimmte Melodie bliesen. Im Römer saßen »erhöht die Schöffen, und eine Stufe höher der Schultheiß in ihrer Mitte, die von den Parteien bevollmächtigten Prokuratoren unten zur rechten Seite« (Goethe) und hatte der Aktuarius begonnen, die »auf diesen Tag gesparten wichtigen Urteile laut vorzulesen«. Die Gerichtssitzung wurde, als die Abgesandten eintraten, unterbrochen, und sie übergaben dem Schultheißen einen Becher Pfefferkörner stellvertretend für alle Handelswaren, einen weißen Stab als Anerkennung der Gerichtsbarkeit und weiße Handschuhe als Anerkennung kaiserlicher Privilegien. Worms übergab zusätzlich einen Filzhut, der aber sogleich mit einem Geldstück wieder eingelöst wurde. Danach kehrten die Abgesandten der Städte in ihre Herberge zurück.

Beginn und Ende einer jeden Frankfurter Messe wurde durch das Läuten der Sturmglocke, der Meßglocke des Domes angekündigt, später auch durch Abfeuern von Kanonenschüssen vom »Knöpfchen«, der Befestigung der vom Kleinen Main gebildeten Insel. Vor und nach diesen Terminen durften keine Waren verkauft werden, nach dem Ausläuten mußten die Stände abgebrochen, die Hallen geschlossen und die Schilder und Aufschriften entfernt werden. Wie sehr das Wohlergehen der Einwohnerschaft von der Messe abhing, zeigt der noch im 19. Jahrhundert, vor allem bei Kindern geübte Brauch, sobald die Meßglocke die Messe einläutete, jubelnd auf die Straße zu laufen und »Mei Meß! Mei Meß!« zu rufen, und es mußte der, dem man mit dem Ruf zuvorkam, ihnen ein »Meßstück« abkaufen. Nicht weniger aufschlußreich ist die Redensart »Ausgelitte wie die Meßglock« für eine unabdingbar zu Ende gegangene Angelegenheit oder über einen Toten, der viel von sich reden gemacht hatte.

Auf die Geleitswoche, die halbe Woche vor dem

eigentlichen Messebeginn und der Öffnung der Läden, in welcher die Geleite eingeholt, die Waren ausgepackt und auch schon viele Geschäfte getätigt wurden, folgte die eigentliche Geschäftswoche, in der sich der Hauptverkehr abspielte. Ihr schloß sich die Zahlwoche an: Die Kaufleute rechneten ab, beglichen die Warenschulden von der vorigen Messe, entrichteten fällige Zinsen, wechselten Geld oder präsentierten und protestierten Wechsel. Danach, vom Dienstag in der dritten Woche an, nachdem die Meßglocke am Montag die Messe ausgeläutet hatte, zogen die Großkaufleute wieder ab. Zur Herbstmesse wurde noch bis zum Samstag der Geschäftsverkehr für den Restverkauf mit der meist ländlichen Kleinkundschaft fortgesetzt. Auch dem Montag der dritten Meßwoche kam diesbezüglich Bedeutung zu: Als »Nickelchestag«, an dem die »Nickelcher« oder »Meßnickelcher« nach Frankfurt kamen und »nickelten« – einkauften und sich einen frohen Tag machten –, war er einst bekannt. An diesem Tag, »da gehen die Mägde und Knechte und die Herren und die Frauen, da geht Alt und Jung auf die Messe«, an diesem Tag »strömt nämlich Frankfurt und die Umgegend auf dem Römerberg, dem Main-Quai, dem Liebfrauenberg und allenthalben zusammen, wo es etwas zu sehen und zu kaufen giebt« (Eduard Beurmann, 1836). Manche glaubten, der Nickelchestag trage seinen Namen vom Heiligen Nikolaus, andere bezogen ihn auf einen Offenbacher Fabrikanten oder Kaufmann namens Nickel. Die meisten aber denken als Urheber an den Offenbacher Tabakfabrikanten Johann Nikolaus Bernard (geboren 1709 in Straßburg), der am dritten Montag der Frankfurter Messe seinen vielen hundert Arbeitern einen freien Tag und einen Brabanter Taler gegeben habe. So zogen also an diesem Tag die »Offenbacher Nickelcher« zur Frankfurter Messe und viele andere, 20000 bis 30000 Nickelcher

»net nor aus Ofebach, naa, aach aus Trapezunt«, wie
Friedrich Stoltze meinte. Es war ohnehin allgemein
Brauch, daß zur Zeit der Messe Bedienstete von ihrer
Herrschaft ein »Meßgeschenk« erhielten, eine – oft
vertraglich zugesicherte – zusätzliche finanzielle Gabe
ähnlich wie an Neujahr.

Waren die Zusicherung des freien Geleits und die
verschiedenen Zollprivilegien unabdingbare Voraussetzung für das Gedeihen der Frankfurter Messe, so war
nicht minder die volle Handels- und Gewerbefreiheit,
die – entgegen dem sonst örtlich streng geregelten Handel – zwischen Ein- und Ausläuten herrschte, ein we-
sentlicher Bestandteil ihres Erfolges. Während der
Messe durfte, selbst sonntags, jeder, Bürger wie Einwoh-
ner und Fremder, ohne Einschränkung Handel treiben.
Es durfte sich jedermann kleiden, bewaffnen (sogar mit
langen Messern), tun und gehen wie er wollte. Eugen
Roth faßte diese Meßfreiheit auf seine Weise in einem
Gedicht zusammen: »Man kann auf der Frankfurter
Messen / Nach Herzenslust trinken und essen / Man
geh einfach ›hin‹ / Und ist man erst drin / Fragt keiner,
von wannen und wessen.«

Während der Messe verstummte die Weinglocke, die
sonst des abends die Zecher zur Heimkehr mahnte.
Papst Sixtus IV. hatte 1478 den Messegästen und Frankfurtern erlaubt, während der Messe in der Fastenzeit
und an anderen Festtagen Eier, Milch, Butter, Käse und
Milchspeisen – gegen eine kleine Abgabe – zu genießen, den Alten und Kranken auch Fleisch. Kaiserliche
Privilegien gewährten den Messegästen besonderen Ge-
richtsschutz: Niemand durfte einen anderen in Rechts-
sachen, die vor dem kaiserlichen Hofgericht oder einem
Reichsgericht anhängig waren, »verklagen, kümmern,
anfallen und hindern«, ja auch diejenigen nicht, über die
die Reichsacht verhängt war. 1465 erhielt Frankfurt von

Kaiser Friedrich III. einen besonderen Gerichtsstand zur Messe; das Schöffengericht verfolgte daher den Grundsatz, Streitfälle der Kaufleute unverzüglich zu verhandeln.

Die Frankfurter Messen waren im Kalender der Kaufleute feste Daten: Auf sie waren die Zahlungsverpflichtungen abgestellt, auf sie konzentrierte sich schon seit Anfang des 14. Jahrhunderts das Geldgeschäft; es wurden regelrechte Meßkonten geführt. Manche merkantilische Gewohnheit entwickelte sich, die in späterer Zeit Eigenständigkeit erlangte. Angesichts der verwirrenden Vielfalt der Münzen kam dem Geldwechselgeschäft große Bedeutung zu, dessen Technik die Italiener auf die Messe nach Frankfurt brachten; die Einführung des Florentiner Guldens in der ersten Hälfte des 14. Jahrhunderts erleichterte dabei die Abwicklung. 1346 schenkte Kaiser Ludwig der Bayer der Stadt das Geldwechselregal, und auch die Gold- und Silberwaage befand sich seit 1355 in städtischer Hand. 1402 gründete der Rat eine Bank (»wessil«), die nicht nur Geldwechsel betrieb, sondern sogar auch Darlehen gab. Der Reichstagsabschied von 1498 forderte dazu auf, in jeder Frankfurter Messe zusammenzukommen und durch einen »gemein Wardin« (Münzwardein) Münzproben der Kurfürsten und Fürsten und aus des »Kauffmannß pewte« zu vergleichen. Die schon im 14. Jahrhundert umfangreichen Geschäftsabschlüsse überstiegen bei dem geringen Geldumlauf die Kräfte der Produzenten und Kaufleute, so daß Tuchproduzenten gemeinschaftliche Einkäufe von Rohstoffen tätigten, Kaufleute sich zu Handelsgesellschaften zusammenschlossen und sich der gegenseitigen Aufrechnung bedienten (»skontrierten«) und lediglich die Differenzbeträge zahlten. Früh gab es von Messe zu Messe Kreditwirtschaft, und der, von den Niederländern verfeinerte Wechselbriefverkehr spielte eine Rolle und erlangte bald große Bedeutung, wie verschiedene Wechselordnungen des Rates zeigen (1592, 1620 und später); sie waren – in mehreren Sprachen gedruckt – an die Kauf- und Handelsleute gerichtet, welche in der Messe »ihre Commercia und wechsel treiben und führen«. Für den Geldmarkt, weniger für den Warenmarkt, allenfalls beim Kleinhandel, erlangten auch die Juden Bedeutung, deren Leben und Handeln sonst vielfältigen Einschränkungen unterworfen waren. »Und gerade diese Juden«, so schreibt Henri Estienne, »bedeuten für die Messe eine nicht ganz geringe, wenn nicht Zierde, so doch Hilfe, besonders was das Geldwechselgeschäft betrifft.«

Nachdem im 16. Jahrhundert die Messegeschäfte zugenommen und sich kaiserliche Münzordnungen als wenig erfolgreich herausgestellt hatten, richteten auf der Frankfurter Herbstmesse 1585, nur kurze Zeit nach der Eroberung Antwerpens durch die Spanier, über 80 Kaufleute aus Nürnberg, Ulm, Augsburg, Köln und anderen Städten, auch aus Frankfurt (vorwiegend niederländische Glaubensflüchtlinge) eine Eingabe an den Rat, er möge ihrer Übereinkunft über den Wert der Münzen und über die Verrechnung gegenseitiger Forderungen obrigkeitlichen Schutz gewähren. Am 9. September 1585 kam der Rat ihrem Wunsche nach: Damit wurde ein schon länger geübter Brauch amtlich, war eine erste amtliche Kursnotierung erfolgt und ein regelrechter Börsenverkehr sichtbar geworden, kurz: die Frankfurter Börse war entstanden. Daß diese börsenmäßigen Zusammenkünfte der Messekaufleute auf dem Römerberg zunehmend Bedeutung erlangten und 1605 erstmals als »Börse« erscheinen, ist vor allem einem der niederländischen Glaubensflüchtlinge zu danken: dem Großkaufmann und Bankier Johann von Bodeck, der mit seiner Familie den Geldmarkt zwischen Amsterdam, Ham-

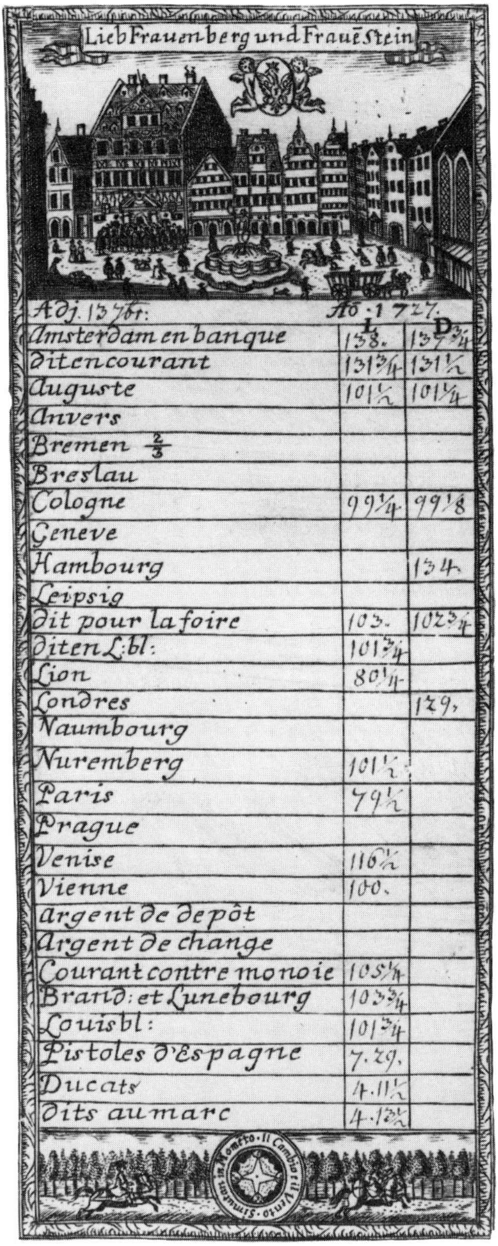

Adj. 13 7br: Ao. 1727.

	L	D
Amsterdam en banque	138.	137 3/4
diten courant	131 3/4	131 1/2
Auguste	101 1/2	101 1/4
Anvers		
Bremen 2/3		
Breslau		
Cologne	99 1/4	99 1/8
Geneve		
Hambourg		134.
Leipsig		
dit pour la foire	103.	102 3/4
diten L:bl:	101 3/4	
Lion	80 1/4	
Londres		129.
Naumbourg		
Nuremberg	101 1/2	
Paris	79 1/2	
Prague		
Venise	116 1/2	
Vienne	100.	
argent de depôt		
Argent de change		
Courant contre monoie	105 1/4	
Brand: et Lunebourg	103 3/4	
Louisbl:	101 3/4	
Pistoles d'Espagne	7.29.	
Ducats	4.11 1/2	
dits au marc	4.13 1/2	

Kurszettel vom 13. September 1727 mit Ansicht des Liebfrauenberges und des Hauses Braunfels burg, Frankfurt und Venedig als ein Nachfolger der Fugger und Welser beherrschte und der auf der Frankfurter Messe mehr Geld verlieh als der Jahresetat der Stadt ausmachte. Die Meßbörse, die Frankfurter Messe, wurde Zentrum der Geldgeschäfte, wo sich der gesamte Abrechnungsverkehr der Deutschen und der mit ihnen handelnden Ausländer zwischen Norden und Süden abspielte.

Titelkupfer der ersten Ausgabe
von Johann Albrecht Jormanns Beschreibung
der Frankfurter Messe von 1688

»Es ist wirklich viel Eigentümliches daran«

VON DER MESSE ZUM JAHRMARKT

Frankfurt war im Dreißigjährigen Krieg recht glimpflich davongekommen. Alte Handelsbeziehungen lebten weiter, und es gab in den folgenden Jahrzehnten einige erfolgreiche Messen. Gegen Ende des 17. Jahrhunderts kamen wieder zahlreiche Fremde nach Frankfurt, ja bis zum Ende des 18. Jahrhunderts bestand die Frankfurter Messe in ihren Grundzügen wie von altersher. Allerdings waren aber die Schatten, die der Dreißigjährige Krieg geworfen hatte, nicht zu übersehen. Es gab auch durch den Spanischen Erbfolgekrieg und durch Handelsverbote manche Störungen und Unterbrechungen, und vor allem gewannen die Leipziger Messen zunehmend an Bedeutung. Die Frankfurter Messe war überwiegend eine nationale Messe geworden, nur noch knapp ein Fünftel machten die Ausländer aus, unter denen die Schweizer (mit Uhren, mit Leinwand aus St. Gallen, mit Floret- und Seidenband und Papier aus Basel, mit Seidenstoffen aus Zürich) und die Niederländer das größte Kontingent stellten, während das Geschäft mit französischen Seidenstoffen und der Handel durch Mailänder Häuser fast völlig zum Erliegen kam. Die Frankfurter Messe war im wesentlichen Bindeglied, Mittelpunkt in den Handelsbeziehungen zwischen den Bewohnern des Rheingebietes geworden; dies schloß jedoch neue Verbindungen keineswegs aus, so mit den Tuchfabrikanten aus dem Vogtland und aus Kursachsen, die alle Gewebearten preiswert herstellten. Hauptträger des

Frankfurter Meßhandels wurden im 18. Jahrhundert die Frankfurter Kaufleute selbst, in der Regel die in den zurückliegenden zwei Jahrhunderten eingewanderten Niederländer, Franzosen und Italiener. Mit Hilfe ihrer stattlichen Kapitalien und großen Warenbestände, meint der Handelsschriftsteller Paul Jacob Marperger in seiner 1710 erschienenen »Beschreibung der Messen und Jahr-Märckte«, tätigten sie den größten Teil der Messen und ließen noch dasjenige, was durch Fremde geschähe, gleichfalls durch ihre Hände gehen.

Johann Konrad Riesbeck, ein reisender Franzose, fand 1780, daß die Frankfurter Messe infolge des steigenden Luxus, des vortrefflichen Ausbaus der Straßen und der unvergleichlichen Gasthäuser sogar im Zunehmen begriffen sei. »Sie wird jetzt sogar von Parisern und Londonern besucht, welche hier die ersten Artikel des Luxus absetzen.« Als Philipp Wilhelm Gercken 1788 schrieb, ohne die beiden Messen würde die Stadt Frankfurt »das lang nicht seyn, was sie würklich ist, und sie gaben ihr eigentlich mit ihren Folgen den Rang und Glanz, den sie vor vielen anderen wichtigsten Reichsstädten voraus hat«, so mag dies jeder damals noch so empfunden haben. 1200 verkaufende Firmen hatten im Jahre 1791 ihre Stände aufgebaut, zu denen die fremden Juden und Krämer und Handwerker – auch die Frankfurter, die gemeinsame Stände besaßen – kamen, die Hausierer und die einheimischen Kaufleute. Damals ließ sogar die Gesellschaft Frauenstein ihr Haus Braunfels, das altehrwürdige Messequartier und Domizil von Kaisern und der ersten Sitzung des Reichskammergerichts, zu neuen Messehallen umbauen, was den Römerhallen einen Teil ihrer traditionellen Stände wegnahm. Doch die Herbstmesse dieses Jahres 1791 war die letzte große Messe Frankfurts, ihr Handelsverkehr wurde nie mehr erreicht. Die politischen Ereignisse, die ganz Europa veränderten, ließen die Frankfurter Messe zunächst ins Stocken geraten, nur noch gelegentlich zu fast alter Größe aufrichten und schließlich ihr Aussehen wandeln.

Im Sommer 1792 fanden noch im gewohnten Glanz Wahl und Krönung des Kaisers Franz II. in Frankfurt statt, wenige Wochen später schon wurde Frankfurt von den Franzosen besetzt. Damit begann eine Zeit voller Unruhe und Schrecken, die schließlich zur Auflösung des Heiligen Römischen Reiches Deutscher Nation und des jahrhundertealten reichsstädtischen Status von Frankfurt führte. Es wurde auch in dieser Zeit versucht, die Messen aufrechtzuerhalten: 1792 forderte der Rat der Stadt von den Gastwirten schriftliche Meldung ihrer Gäste, um die Messe vor unruhigen Fremden zu schützen; 1793 gab der Rat erneut eine Zusage für die Sicherheit der Messegäste, ebenso König Friedrich Wilhelm II. von Preußen; 1796 gewährten die Franzosen, die wieder einmal die Stadt besetzt hielten, Schutz, drei Jahre später erfolgte wiederum die Zusicherung der Messe trotz Besatzung. Die Herbstmesse 1801, die nach dem Frieden von Lunéville stattfand, verlief — jedenfalls nach außen hin — glänzend. Hofmarschall Graf Salisch, Begleiter des sächsischen Prinzen, vertraute seinem Tagebuch an, daß auf der Messe »alles, was zu des Lebens Nahrung und Freude gehört, vom Brillanten bis zur Tabakspfeife anzutreffen« war. 1802 aber wurden Pfeifergericht und Geleiteinholen endgültig eingestellt. Waren sie auch nur noch traditionelle Zeremonien ohne praktischen Nutzen, so kommt ihrem Ende doch symbolische Bedeutung zu: Die mittelalterliche Frankfurter Messe bestand nicht mehr.

Die Verschiebung der Grenzen Frankreichs bis an den Rhein, Ausfuhrverbote, die Zerrüttung der niederrheinischen und niederländischen Tuchmanufakturen, die allgemeine Verarmung, die Unerreichbarkeit englischer

Waren (Kontinentalsperre, Konfiszierung und Verbrennung dieser Waren), das Meiden des wenig kaufkräftigen Frankfurt durch die Schweizer (die nach Leipzig gingen, das bis 1806 im Frieden lebte) – dies alles übte einen niederdrückenden Einfluß auf die Frankfurter Messe aus. Einige dennoch erfolgreiche Messen ändern wenig am Gesamtbild, und auch Karl Theodor von Dalberg, Fürstprimas des Rheinbundes und Großherzog von Frankfurt von 1806/10 bis 1813, in dessen Ära die Frankfurter Handelskammer entstand, vermochte da wenig zu helfen. Zudem tätigten die Kaufleute zunehmend ihre Geschäfte in den Frankfurter Handelskontoren hinter verschlossenen Türen, zunehmend waren Reisediener oder sogenannte Musterreiter (Handlungsreisende) tätig, die die Kundschaft aufsuchten und Bestellungen entgegennahmen.

Die Frankfurter Messen waren für viele dennoch ein Anziehungspunkt, die Buden und Meßbelustigungen zogen magnetisch die Frankfurter und ihre Gäste an und übten Faszination aus. Dies gilt zunächst einmal von den Messen, die auf das Ende der napoleonischen Zeit folgten, als Frankfurt auf dem Wiener Kongreß 1814/15 Freie Stadt, ein souveräner Staat im Deutschen Bund, und auch Sitz des Bundestages, der einzigen Zentralinstitution Deutschlands wurde. Am 11. September 1815 traf Sulpiz Boisserée bei einem Gang durch Frankfurt zufällig Goethe, der ebenfalls gerade in Frankfurt weilte. Sie schlenderten unter anderem »durch die Messe am Mayn«, auf der »alle Landschaften« vertreten waren, »die ihre Producte und Waaren hierher senden« und freuten sich darüber, »daß die Welt, das Leben für Bedürfnisse sich immer gleich bleiben«, was ein Trost für die Seelenwanderer sei.

Im zweiten Band seiner Frankfurter Geschichte schreibt Pfarrer Anton Kirchner über die Messen jener

Messeläden an der Ostseite des Nürnberger Hofs,
Fotografie 1901

Zeit: »Wenn aber seither einzelne Handelsquellen ver-
siegten, so drangen welche neu aus dem reichen Boden
hervor. Und mit Recht ist noch jetzt die öffentliche
Neugier auf eine Geschäftszeit gespannt, welcher Ein-
heimische und Auswärtige soviel verdanken. Davon abgesehen sind die Messen sonst wohl noch der Aufmerksamkeit wert. Überall öffnen sich dem frohen Blick Straßen, die eine wogende Menge füllt, und jene reichen
Gewölbe, jene angehäuften Buden auf dem Römerberge
und Liebfrauenplatze, jene zierlichen Kaufläden in den
Römerhallen und im Braunfels – dem kleinen Palais
royal der Frankfurter –, wo man sich mühsam durch

Gruppen der Käufer und Beschauer drängt; – verdienen sie nicht gesehen zu werden? Am meisten sind jedoch die Uferstraßen längs des Mains mit Menschen angefüllt. Hier eilt und rennt, dort schwatzt und schreit, hier zankt und drängt das geschäftige Volk.« Aus der Sicht des Kaufmannes freilich gewinnt man von der Herbstmesse 1815 einen anderen Eindruck. Einer aus Göttingen meinte, er könne lange im Gewölbe stehen, es ginge kaum jemand vorbei, obwohl doch die Hauptgeschäftswoche sei.

Anton Kirchners Werk erschien im Jahre 1818. Gerade in diesem Jahr gab Preußen durch die Einführung von Schutzzöllen für sein Wirtschaftsgebiet das Signal großer zollpolitischer Veränderungen, die Frankfurt außerordentlich in Bedrängnis brachten. Auch Frankfurt führte Zollreformen durch und schaffte einige veraltete Abgaben wie den »Doppelzoll« ab (einen besonderen Messezoll zur Herbstmesse, der an allen Wasser- und Landtoren von den Meßfremden zu zahlen war mit Ausnahme vieler davon befreiter Städte), doch es schloß sich nicht wie der Nachbar Hessen-Darmstadt (1828), wie Bayern und Württemberg dem preußischen Zollverein an, sondern wie Nassau und Kurhessen dem mitteldeutschen Handelsverein. Die Stadt vertraute auf ihre glänzenden Außenhandelsbeziehungen und wollte ihre Entscheidungsfreiheit gewahrt wissen; 1829 wurde ein Fruchtmarkt gegründet, der sogar die Erwartungen übertraf, und 1832 wurde ein Handelsvertrag mit England abgeschlossen. Frankfurt mußte aber andererseits zusehen, wie in Offenbach eine reüssierende Konkurrenzmesse entstand, die den Messeverkehr der preußischen Zollvereinsstaaten an sich zog.

Für Reisende waren die Frankfurter Messen selbst in dieser Zeit eine Attraktion. So schreibt der Literat und Dichter Johann Ludwig Deinhardstein 1831 (im 6. Brief

60

seiner »Skizzen von einer Reise in Briefen an einen Freund«): »Es ist wirklich viel Eigentümliches daran. In allen Straßen und Plätzen waren Buden aufgeschlagen. In den Hallen wurden Waren aller Art feilgeboten. Aus den Fenstern hingen Musterstoffe von Tapeten und farbigen Zeugen. Allenthalben liefen Tafeln aus den Häusern, Namen und Aufenthaltsort der Verkäufer bezeichnend, darunter viele aus Böhmen, besonders die der Glaswaren betreffend. Ein starker Handel wird hier mit Glasperlen betrieben, womit ich mehrere Buden angefüllt sah, sämtlich in Böhmen erzeugt. Auch aus Wien waren mehrere Handelsleute da, die meisten darunter mit Shawls. Sogar der Main ist mit Schiffen bedeckt, auf welchen Waren, besonders Steingut, zierlich geordnet, zum Kaufe geboten werden. Alles lebt und regt sich auf eine Weise, die freudig zu nennen, die der Drehorgeln ausgenommen, welche am Tage und bei der Nacht nicht ruhen und mit ihrem eintönigen Gequieke, meistens Raimunds Aschenlied ableiernd, unausstehlich quälen.« Er verschweigt allerdings nicht, daß dieser »Markt« keinen Vergleich mit denen der anderen Jahre aushalte, da nämlich wegen der ausgebrochenen Unruhen (Julirevolution in Frankreich) die niederländischen Meßfremden Frankfurt verlassen hätten. Frankfurt selbst hatte durch zusätzliche Sicherheitsmaßnahmen alles Erdenkliche für einen störungsfreien Ablauf der Messe getan. Die Befürchtungen erwiesen sich als unbegründet; es kam allerdings zu einem amüsanten Vorfall: Heftiges Schießen auf dem Roßmarkt stellte sich dem schon hinzueilenden Militär als völlig harmlos heraus; in einer Meßbude war mit viel Aufwand von Pulver die Schlacht bei Waterloo dargestellt worden.

Nachdem 1834 und 1835 sämtliche süddeutsche Staaten mit Preußen und seinen Verbündeten Zoll- und Handelsverträge abgeschlossen und damit den Deutschen

Zollverein gegründet hatten, entschloß sich Frankfurt, wenn auch widerstrebend, diesen Schritt zum 2. Januar 1836 ebenfalls zu vollziehen. Schon die erste, auf den Anschluß an den Zollverein folgende Messe, die Ostermesse 1836, brachte einen nicht geahnten Erfolg. Die Einfuhr von Meßgütern übertraf alles, was man in den letzten Jahrzehnten gewöhnt war, vor allem aus den Zollvereinsländern, aber auch aus dem Ausland. Die Meßfremden äußerten ihre Zufriedenheit; sie sollen sich damals in Frankfurt so wohl wie an keinem anderen Messeplatz des Zollvereins gefühlt haben. Als Messestädte zugelassen waren in seinem Gebiet außerdem Leipzig, Braunschweig und Frankfurt an der Oder.

Der Handwerksgeselle Johann Eberhard Dewald, 22 Jahre alt, kam auf seiner Wanderschaft gerade zur Zeit dieser Ostermesse 1836 nach Frankfurt. Er notierte am 11. April in sein Tagebuch: »Die Ufer entlang waren meistens Buden mit wohlfeilem Nürnberger Zeug aufgeschlagen, wo Kinder und einfaches Volk in hellen Haufen sich drängte. Mehr der Stadt zu fanden sich alle nur möglichen Warenniederlagen, wo ernsthafte Kaufleute für ihre Geschäfte Vorräte einhandelten und ein so lebhaftes Treiben in den engen Straßen sich entfaltete, daß man sein eigenes Wort nit verstand.« Dewald staunte vor allem über das Haus Braunfels am Liebfrauenberg, wo er echte Ölgemälde, feine Handarbeiten und Spitzen, »Prellianten«, Goldwaren, Lütticher Mordinstrumente, Pistolen, Dolche, Jagdgewehre, zierlichste Möbel, böhmisches Glas, Geldbörsen aus Seide, Lackkästchen von japanischer Art, chinesisches und Meißener Porzellan, russische Silberarbeiten und Bernstein-Schnitzereien sah. »Alle Nationen der Welt waren hier versammelt, Türken, Perser, Chineser, kurz, es war ein Babel, daran selbst der liebe Herrgott sein Wunder gehabt hätte.«

Auch Franz von Dingelstedt bedichtete in seinen

Der Juxplatz während der Frankfurter Messe,
Postkarte 1898

»Liedern eines kosmopolitischen Nachtwächters« die
Frankfurter Ostermesse 1836: »Alle Häuser voll
Affichen / Geld auf allen Wechslertischen / Jeder Winkel
eine Bude / Und die dritte Nas' ein Jude. / Schreien
hört' ich, keuchen, laufen: / Herr, hier könn'n Sie alles
kaufen. / Gontard bietet seid'ne Tücher / Jügel abge-
stand'ne Bücher / Bing Krystalle, Gläser, Lacke / Breul
so Rauch- wie Schnupftabacke.«

Der Eindruck, den diese Frühjahrsmesse auf Besucher
machte, und der Erfolg, den sie und auch einige der in
den nächsten Jahren folgenden Messen hatten, widerleg-
ten die an den Zollverein geknüpften Bedenken und
schienen die Kraft des alten Frankfurter Messeruhms zu
beweisen. Leipzig fürchtete um seine Messe, konnte sich
jedoch bald beruhigen. So erließ Frankfurt 1836 eine
Messeordnung, mit der es sich den Bestimmungen des
Zollvereins anpaßte und die unter anderem die Erhe-
bung der »Nachsteuer« (auf noch unverzollte Waren)

regelte; so zeigte sich, daß im wesentlichen nur Klein-
händler und Privatleute aus der näheren und weiteren
Umgebung auf der Frankfurter Messe ihre Einkäufe tätigten, daß die Messe im Gesamtwarenumsatz der Stadt
nur eine untergeordnete Rolle spielte und lediglich die
inzwischen entstandenen Messen der näheren Umgebung Opfer der wiederbelebten Frankfurter Messe
wurden.

Es gab letztlich keinen Zweifel: Die Frankfurter
Messe war in gesamtwirtschaftlicher Sicht für Frank-
furt, das längst, dank der Bethmanns und Rothschilds
und anderer, zu einer Börsen- und Bankenstadt par ex-
cellance geworden war, und auch für Deutschland zur
Bedeutungslosigkeit herabgesunken, sie war nur »ein
geringfügiger Theil des deutschen Verkehrs« (Georg
Ludwig Kriegk), sie war − wenn wir besonders kritische
Maßstäbe anlegen − zum Jahrmarkt geworden. Dieser
Wandel wurde von Zeitgenossen keineswegs bedauert:
Zeige sich doch, so hieß es in einem Pressebericht 1857,
daß Deutschland das Mittelalter und seine volkswirt-
schaftlichen Systeme mit privilegierten Kaufmanns-
gilden, dem Stapel- und Stadteinlagezwang, den Zoll-
schranken überwunden habe und nur da, wie in Leipzig
oder Frankfurt an der Oder, wo noch Käufer aus Län-
dern tieferer Kulturstufen vorherrschten, den Messen ein
Abglanz ihrer früheren Bedeutung geblieben sei. »Noch
heute baut sich«, so heißt es in demselben Artikel, »wie
zu Goethes Zeiten, innerhalb unserer prosaischen Stadt-
mauern über Nacht eine zweite Stadt aus Brettern und
Leinwand auf, eine Stadt der Fabel und der Aben-
teuer … Dieses bunte Schaugepränge bildet indessen
die Glanzseite unserer jetzigen Messen; die Kehrseite
dagegen der eigentliche Meßverkehr …«

Wie in vergangenen Zeiten regelten freilich auch jetzt
genaue Bestimmungen Zeit und Dauer der Messe. Seit

Fahrtor mit Budenmesse,
Zeichnung von Wilhelm Gutmann um 1910

1850, als man sich nach vielen vergeblichen Versuchen auf Grund einer Eingabe der Handelskammer geeinigt hatte, begann die Frühjahrsmesse am zweiten Mittwoch vor Ostern und die Herbstmesse am zweiten Mittwoch vor Mariä Himmelfahrt; beide Messen dauerten drei Wochen. Nur »Berechtigte« durften ihre Buden und Stände, Tische, Kisten und Fässer zum Feilhalten aufbauen, und es gab dafür genaue Tarife je nach Größe der Stände und nach der Art der Waren (ob Steingut, Holzwaren, Porzellan oder Töpferwaren). Getrennt von der Verkaufsmesse gab es die »Meßsehenswürdigkeiten«, den Juxplatz. In der zweiten Hälfte des 19. Jahrhunderts fand er auf den Bleichgärten östlich der Konstablerwache statt, seit den achtziger Jahren, seit der Entstehung der »Neuen Zeil« auf dem Platz des Landwirtschaftlichen Vereins in der Ostendstraße – sehr zum Leidwesen der Anwohner. Diese wurden schon 1882 durch das Gerücht aufgeschreckt, die gesamte Messe würde in ihre Gegend verlegt, und sie beklagten sich 1890 in Eingaben an die Stadt bitter, daß »die Hefe« der Bevölkerung besonders nachts dort verkehre; sie baten, die Stadtverordnetenversammlung »möge darauf hinwirken, daß die bisher zur Zeit der Messe veranstaltete Schaustellung von Meßsehenswürdigkeiten in Zukunft nicht mehr geduldet ... werde«.

Beide Abteilungen, die auf dem Römerberg und dem Frankfurter Mainufer, in den zwanziger Jahren unseres Jahrhunderts ausschließlich am Sachsenhäuser Ufer stattfindende Verkaufsmesse – »Kleinmesse«, »Budenmesse« oder »Mainbudenmesse« genannt – sowie der Juxplatz an der Ostendstraße überdauerten alle Anfechtungen der Zeitereignisse in der ersten Hälfte unseres Jahrhunderts – und leben heute fort in der Dippemeß am Ostpark. Die Frühjahrsmesse 1930 wurde dank der Initiative von Fried Lübbecke (dem »Gründer des Bun-

des tätiger Altstadtfreunde« und Gestalter der Kunstmesse parallel zu der nach dem Ersten Weltkrieg neube-
lebten und bis 1929 bestehenden Frankfurter Messe großen Stils) mit einem Festzug eröffnet; damit wurde an
das Privileg Kaiser Ludwigs des Bayern vor 600 Jahren
erinnert, und man ließ manche Zeremonie der mittelal-
terlichen Messe wieder aufleben. Auch ein »dicker Fritz«
trat wieder auf, der einige Jahrzehnte zuvor mit seiner
Blaskapelle für Unterhaltung während der Messen ge-
sorgt hatte. »Jedenfalls die Fahrt ins Land der Träume«,
so sinnierte ein Pressebericht anläßlich des Besuchs des
Juxplatzes während dieser Messe, »lohnt sich. Das Leben ist ja auch nur eine Illusion. Aber die Illusionen, die
wir bewußt genießen, sind doch die schönsten.«

Als wirkliche Handelsmesse hat im 19. Jahrhundert,
ja bis zum Beginn des Ersten Weltkrieges, neben der
geschilderten Messe die Ledermesse bestanden, die ein
bedeutender Wirtschaftsfaktor war und dem etwas
betrübenden Bild der Frankfurter Messe doch noch ein
nicht zu übersehendes Glanzlicht aufsetzte. Bei Leder
und Lederwaren ließen sich Vorlage und Besichtigung
der zum Kauf gebotenen Ware kaum durch Musterkol-
lektionen von Geschäftsreisenden ersetzen; zudem
spielte der Lederhandel im Meßverkehr des gesamten
Zollvereins eine herausragende Rolle. Von 970 auf der
Frankfurter Ostermesse 1836 anwesenden Firmen handelten 372 mit Leder und Lederwaren. Der Lederhandel
spielte sich in der Gegend der Hasen- und Schnurgasse
und im Trierischen Hof ab, wo 1851 die Lederhalle
errichtet wurde. Die traditionelle Hauptgeschäftswoche
der Messe wurde damals Lederwoche genannt, und in
Verordnungen über Meßtermine wird die Ledermesse
immer eigens erwähnt, da sie nämlich stets eine Woche
später begann und nur vierzehn Tage dauerte. Der als
Schriftsteller bekannt gewordene Isenburgische Hof-

und Regierungsrat Carl Julius Weber (1767 – 1832) hatte bereits geschrieben: »Die erste Woche heißt die Geleits-Woche, die zweite Leder-Woche und die dritte die Zahl-woche, die gegenwärtig wohl weniger ihrem Namen entsprechen wird, als die zweite.«

Auch eines zweiten, etwa zu den Zeiten der alten Frankfurter Messe abgehaltenen Handelsmarktes aus der zweiten Hälfte des 19. Jahrhunderts sei noch ge-dacht: des Pferdemarktes. Im Jahre 1862 ließ der Frank-furter Landwirtschaftliche Verein diese traditionsreiche, im 18. Jahrhundert eingegangene Abteilung der mittelal-terlichen Messe auf dem Roßmarkt, seit den 80er Jahren in der Halle und auf dem Gelände des Vereins in der Ostendstraße wieder aufleben.

IM ZEICHEN DES TECHNISCHEN
FORTSCHRITTS

Bis zum Jahre 1864, bis zur Einführung der Gewerbefreiheit, gilt Frankfurt als »industriefeindlich«. So mußten im 18. Jahrhundert die Brüder Bolongaro mit ihrer
Tabakmanufaktur ins erzbischöfliche Höchst und die
in gleicher Branche tätigen Bernards nach Offenbach
ausweichen, so wurde um 1800 das Manufakturwesen
abgelehnt, weil die Stadt »zu reich, zu fruchtbar und
zu schön« sei. Die 1816 restituierte Gewerbeordnung
schrieb die traditionelle Verfassung des Handwerks fest
und schloß Konkurrenz und technischen Fortschritt für
fast fünf Jahrzehnte aus – was wiederum dem Umland
zugutekam, vor allem Bockenheim und erneut Höchst
(Farbwerke).

Die »Industriefeindlichkeit« bedeutete freilich nicht,
daß man sich in Bereichen, in denen man es für nützlich
hielt und in denen man ungebunden war, den Errungenschaften der Technik gänzlich verschloß. Schon seit den
dreißiger Jahren des 19. Jahrhunderts erhielten einige
Unternehmen die Erlaubnis zum Aufstellen von Dampf-
maschinen, vorwiegend die nicht dem Zunftzwang un-
terliegenden Druckereien, darunter die Druckerei
B. Dondorf, die 1853 achtzig Arbeiter beschäftigte
und sogar nachts im Schein von Gaslampen arbeitete;
auch die Firma Fries erhielt die Genehmigung für eine
selbstgebaute Dampfmaschine. Bei der Einführung
neuer Verkehrsmittel gehörte Frankfurt sogar zu den
Protagonisten. Bereits 1828 verkehrte auf dem Main

ein Raddampfer, allerdings wenig erfolgreich infolge technischer Mängel und auch wegen des zu flachen Flußbettes. Unmittelbar nach dem Anschluß Frankfurts an den Zollverein ging man an die Planung und Ausführung einer Eisenbahnstrecke, der »Taunusbahn« von Frankfurt nach Wiesbaden, die als erste des Rhein-Main-Gebietes und als sechste in Deutschland 1839/40 eröffnet werden konnte. Rasch folgten ihr weitere Eisenbahnlinien in alle Himmelsrichtungen, so daß Anfang der 60er Jahre Frankfurt mit fünf Bahnhöfen und sieben Strecken Zentrum des westdeutschen Eisenbahnverkehrs – und analog dazu auch der Telegraphie – wurde. 1845 brannten im Innenstadtbereich erstmals 600 Gaslaternen, nachdem 1842 der Senat sich zur Umstellung der städtischen Beleuchtung von Rüböl auf Gas durch die Imperial Continental Gas-Association in London und die Frankfurter Gasbeleuchtungsgesellschaft entschlossen hatte.

Im Sommer 1864 fand im neuerbauten Saalbau in der Junghofstraße, dem 1861 eröffneten Konzert- und Festsaalgebäude, sowie in einer eigens errichteten Holzhalle auf einem angrenzenden, damals noch unbebauten Grundstück eine für damalige Verhältnisse imponierende Ausstellung statt: die »Frankfurter Kunst- & Industrie-Ausstellung«. Für die Dauer von sechs Wochen angekündigt, mußte sie wegen des großen Andrangs (29169 zahlende Besucher) fast zehn Wochen geöffnet bleiben. Die Anregung hierzu war von einer Gruppe von Frankfurtern ausgegangen, die 1859 dem Gewerbeverein den Rücken gekehrt hatten, nachdem ihre Projekte, insbesondere das einer Industrieausstellung 1857 vom Verein abgelehnt worden war. Die Ausstellung im Saalbau 1864 zeigte neben den Werken Frankfurter Künstler in der Mehrzahl »alle hier verfertigten Produkte des Gewerbefleißes« und die gewerblichen Erzeugnisse derjenigen Frankfurter, die am Ort ihr Comptoir oder Verkaufslokal hatten. Die Ausstellung fand »auf der Grenze des alten Zustandes und der neuen Ordnung« statt, wie es in einem Pressebericht hieß, und hat »somit eine bedeutsame Verheißung für die Zukunft geboten, deren Erfüllung mit Zuversicht erhofft werden kann«. Fand sie doch gerade in dem Jahr statt, in dem die Gewerbefreiheit eingeführt wurde und auch die Frankfurter Juden volle staatsbürgerliche Gleichstellung erhielten. »Wertvoll auch wird später einmal der Rückblick auf dieses Unternehmen sein, wenn nach Dezennien vielleicht der Fortschritt ermessen werden soll, den unsere Gewerbetätigkeit dann mit der Hinwegräumung der beengenden Fesseln des Zunftzwanges gemacht hat.«

Zwei Jahre später, 1866, wurde Frankfurt von Preußen annektiert: Aus der Freien Stadt, dem souveränen Staat, der heimlichen Hauptstadt, wurde eine »Provinzstadt«. Der Großteil der Bevölkerung sah dies als den tiefsten Fall in der Geschichte ihrer Stadt an und brachte dies auch deutlich zum Ausdruck. Doch allmählich glätteten sich die Wogen, und es regte sich wieder der Unternehmensgeist. 1870/71 lenkten der Deutsch-Französische Krieg und die Gründung des Deutschen Reiches wie vor allem der deutsch-französische Frieden, den Fürst Otto von Bismarck und Jules Favre am 10. Mai 1871 im Hotel zum Schwan im Steinweg schlossen, die Blicke auf sich. Bismarck hoffte, wie er am folgenden Tag in einer Tischrede sagte, daß dieser Friede von Frankfurt zugleich ein Friede für und mit Frankfurt sein werde.

Die Frankfurter sahen bald, daß sich ihnen und ihrer Stadt im großen preußischen Staatsverband und auch mit einer demokratischen Stadtverwaltung ganz neue Möglichkeiten eröffneten. Nur kurze Zeit nach dem Friedensschluß warb die Frankfurter Handelskammer angesichts der bereits sichtbaren und vor allem des zu erwartenden Aufschwungs für den Bau eines neuen Börsengebäudes, das das alte, schon nach einer Generation zu klein gewordene Gebäude am Paulsplatz ersetzen sollte. 1879 wurde die Neue Börse, ein repräsentatives, von Heinrich Burnitz und Oskar Sommer entworfenes Gebäude eröffnet.

Doch nicht nur das Börsengebäude dokumentiert die neue, die »wilhelminische« Zeit, die Epoche der Gründerjahre. In drei Dezennien wandelten sich unter der Ägide der Oberbürgermeister Johannes Miquel und Franz Adickes Bild und Struktur der Stadt, wie man es noch nie erlebt hatte: Es enstanden Hauptbahnhof, Opernhaus, Schauspielhaus, die Geschäftshäuser an der Hauptwache und am Roßmarkt und die Kaufhäuser auf der Zeil, Straßen wurden durch das Gewinkel und Geschachtel der Altstadt gebrochen und neu angelegt, moderne Versorgungseinrichtungen wurden geschaffen (Kanalisation, Wasserleitung, Markthalle, Schlacht- und Viehhof, Kraftwerk), Brücken wurden gebaut, Verkehrseinrichtungen geschaffen (Pferdebahn, erste elektrische Straßenbahn Deutschlands 1884), West- und Osthafen, Eingemeindungen schufen Raum für Wohn- und Industriegebiete, denen öffentliche Grünanlagen zugeordnet wurden, Frankfurt erhielt eine Universität, und die Einwohnerzahl stieg von 90 000 auf über 400 000.

Bei dieser stürmischen Entwicklung konnte die Messe in ihrer traditionellen Form die von der Zeit an sie gestellten Aufgaben nicht mehr erfüllen. An ihre Stelle traten nun Ausstellungen, die den ständig neuen Entwicklungen der Zeit besser gerecht wurden und alle Schichten der Bevölkerung ansprechen konnten. Frankfurt war ein geeigneter Standort für solche Ausstellungen, im Schnittpunkt der wichtigsten Verkehrslinien gelegen. Am Beginn dieser großen Ausstellungen steht im

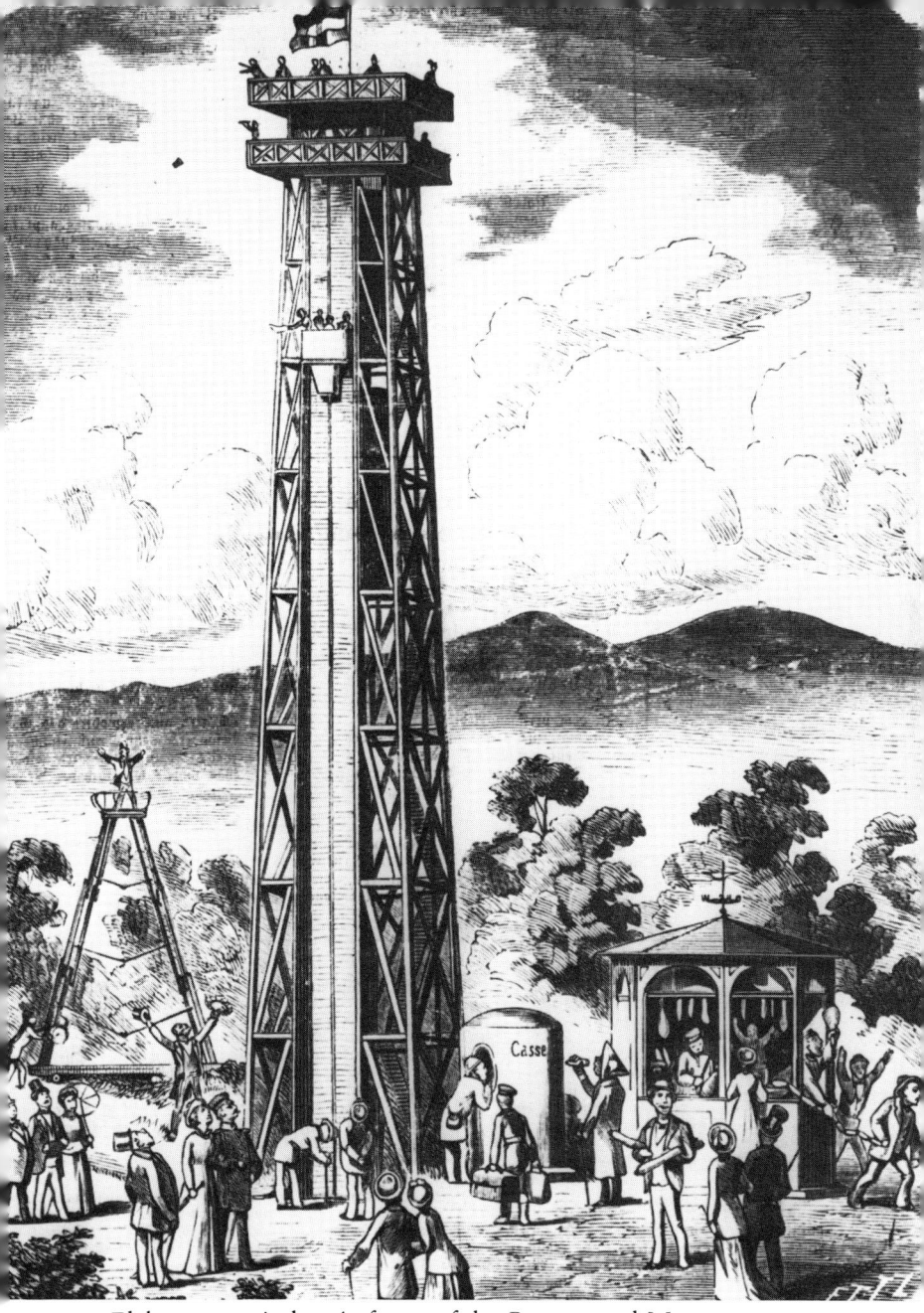

Elektromotorischer Aufzug auf der Patent- und Musterschutzausstellung 1881, Karikatur aus der Frankfurter Latern

Jahre 1881 die Allgemeine Patent- und Musterschutzausstellung. Von Mai bis September zeigte vor allem die junge elektrotechnische Industrie – am 4. Februar 1881 war in Frankfurt die »Elektrotechnische Gesellschaft« als zweite derartige Gründung in Deutschland entstanden – auf einem 70 Morgen großen Gelände beim Palmengarten die neuesten Entwicklungen in der Telefonie, bei elektrischem Licht, im Dynamomaschinen- und Elektromotorenbau und in der Telegrafie. Besondere Attraktionen waren die elektrische Bahn von Siemens & Halske, die auf einer 200 m langen Gleisanlage verkehrte, sowie ein elektromotorischer Aufzug, nicht minder eine von der Maschinenfabrik Augsburg erstellte künstliche Eisbahn. Auch auf anderen Gebieten konnte die Ausstellung das Publikum fesseln: So zogen künstlicher Indigo und Naphtalin- und Anilinfarben der Farbwerke Hoechst gleichfalls das Interesse auf sich. Angeschlossen waren eine Frankfurter Kunstausstellung, eine Gartenbauausstellung und eine lokale Gewerbeausstellung.

Noch größeres Aufsehen erregte zehn Jahre später die Elektrotechnische Ausstellung, die sich auf einem damals noch unbebauten Gelände zwischen den Anlagen und dem Hauptbahnhof zu beiden Seiten der künftigen Kaiserstraße und bis zum Main erstreckte. Initiator der Ausstellung war Leopold Sonnemann, der aus den Erfahrungen der Pariser Weltausstellung den Schluß gezogen hatte, daß Fachausstellungen mit einer internationalen Dimension das beste Mittel zur Förderung der technischen und wirtschaftlichen Entwicklung seien. Die Gestaltung lag in den Händen Oskar von Millers. Der Aussichtsturm am Bahnhofsplatz gehörte ebenso wie der Leuchtturm der Marineabteilung oder die vier Schornsteine des Kesselhauses zu den markanten, weithin sichtbaren Zeichen der Ausstellung, die am 16. Mai

74

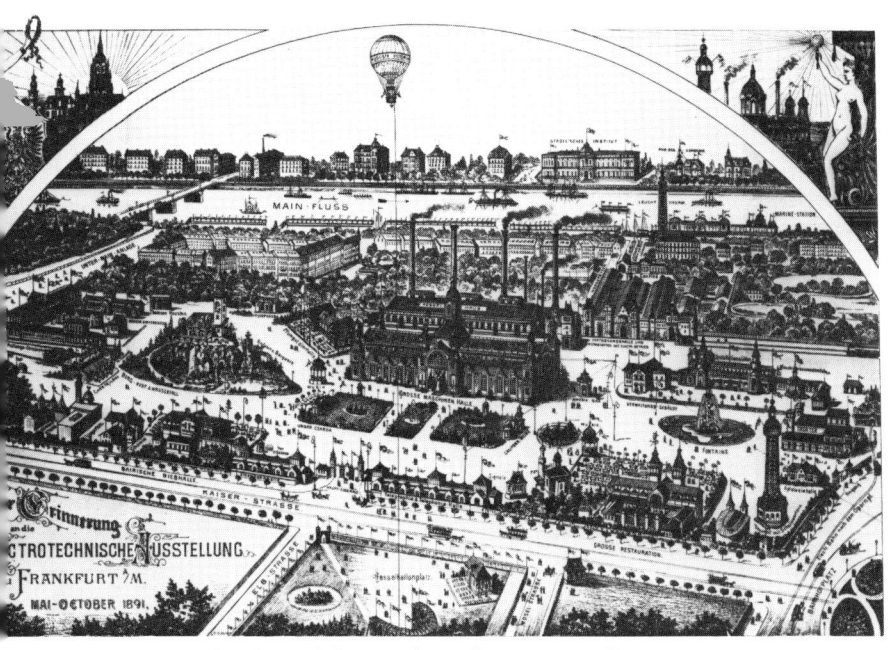

Das Gelände der Elektrotechnischen Ausstellung 1891,
Chromolithographie

1891 eröffnet wurde. Über eine Million Besucher kamen
während der fünfmonatigen Öffnungszeit und ließen
sich von den Errungenschaften der Elektrotechnik faszi-
nieren oder vergnügten sich auch nur – es gab Restaura-
tionen, Bier- und Apfelweinhallen, Cafés, einen Irr-
garten, einen Schießstand, ein Panorama und einen Zir-
kus – oder fuhren mit den elektrischen Bahnen vom
Ausstellungszentrum zum Main oder gar über den
Opernplatz zum Palmengarten. Einige Wochen vor dem
Ende der Ausstellung gelang die erste Fernübertragung
von Dreiphasenwechselstrom, der auf 15 000 Volt hoch-
gespannt war und in einer 175 km langen Überland-
leitung von Lauffen am Neckar nach Frankfurt zur

75

Elektrotechnischen Ausstellung führte, wo er, von allen bestaunt und Oskar von Miller mit Stolz erfüllend, einen künstlichen Wasserfall in Betrieb setzte.

Es gab in diesen Jahren um die Jahrhundertwende eine Fülle von Ausstellungen in Frankfurt, von denen hier lediglich auf die Kochkunstausstellung im Jahre 1900 und vor allem auf die erste Automobilausstellung in demselben Jahr hingewiesen werden soll, die auf dem Gelände des Landwirtschaftlichen Vereins in der Ostendstraße stattfand. Zu dieser Zeit wurde vom »Technischen Verein« und von anderen Organisationen die Idee einer ständigen Halle als Domizil einer dauernden Gewerbe- und Industrieausstellung propagiert, um damit Handel, Industrie und Landwirtschaft von Frankfurt und Umgebung zu fördern. Die für die großen Ausstellungen und kulturellen Veranstaltungen in der zweiten Hälfte des 19. Jahrhunderts errichteten Festgebäude hatten wie überall auch in Frankfurt kaum länger als über die Zeit der Festveranstaltung hinaus Bestand und amortisierten sich daher nicht.

Nachdem Leipzig 1890 eine dauernde Gewerbeausstellung eingerichtet und München 1891 eine Gewerbehalle gebaut hatte, vor allem nachdem die wegen ihrer Schönheit anerkannte Halle zum 2. Gesangswettbewerb Deutscher Männer-Gesangs-Vereine 1903 in Frankfurt wieder abgebrochen worden war, intensivierte sich der Wunsch nach einer festen Halle. Er wurde von der Stadtverwaltung aufgegriffen, als Kaiser Wilhelm II. die Absicht äußerte, den alle vier Jahre stattfindenden Sängerwettbewerb in Frankfurt abzuhalten, falls die Stadt die nötigen Räume besorge, und als das XI. Deutsche Turnfest bevorstand.

Am 4. Juni 1907 genehmigte die Stadtverordnetenversammlung den Bau einer Ausstellungs- und Festhalle am Hohenzollernplatz, deren Verwaltung der am

22. November 1907 gegründeten Ausstellungs- und Festhallengesellschaft übertragen wurde. Aus den elf einge-
gangenen Entwürfen des ausgeschriebenen Architekten-
wettbewerbs waren drei preisgekrönt und zwei ange-
kauft worden, doch »kein einziges Projekt sei von solch
hervorragender Qualität, daß es zwingend überzeugen
müßte«. So präzisierte man das Bauprogramm und forderte die beiden Preisträger von Thiersch und Pützer zu
einem Zwischenwettbewerb auf; von Thierschs Entwurf
wurde zur Ausführung angenommen. Am 11. Juni 1907
begannen die Firmen Philipp Holzmann und Maschi-
nenbauanstalt Augsburg-Nürnberg/Werk Gustavsburg
mit dem Bau der »Festhalle« (der gemäß Bauauftrag
entworfene Konzerthausflügel wurde 1910 fallengelas-
sen), des damals für kurze Zeit größten Hallenbaus Europas (mit 6 000 qm Nutzfläche, die 15 000 Zuschauern
Platz bot) und einer der letzten eisernen Großkonstruk-
tionen. Anfang Juli 1908 war die Festhalle – von der
die »Frankfurter Zeitung«, die Nähe zur Stadt lobend,
schrieb: »Wenige Schritte und man steht vor dem gewal-
tigsten Kuppelbau Europas« – so weit vollendet, daß
das XI. Deutsche Turnfest hier stattfinden konnte.
Im folgenden Jahr war die Festhalle fertiggestellt und
wurde zusammen mit einem bis zum Rebstöcker Wald
reichenden Freigelände Schauplatz der Ila, der Internationalen Luftschiffahrt-Ausstellung, der letzten dieser
großen Ausstellungen der wilhelminischen Ära Frankfurts. Von Juli bis Oktober zog sie über eineinhalb Millionen Besucher in ihren Bann und ließ sie teilhaben am
uralten Traum der Menschheit: sich in die Lüfte zu
erheben. Oberbürgermeister Franz Adickes, der die Ila
am 10. Juli 1909 eröffnete, und Leo Gans von den Farb-
werken Cassella Mainkur, der zum Ersten Vorsitzenden
des Ausstellungspräsidiums gewählt worden war, hatten
entscheidenden Anteil am Zustandekommen der Aus-

stellung. Aber auch viele andere Frankfurter waren beteiligt, vor allem Kaufleute und Bankiers, die sich, ermuntert durch den Erfolg des Pariser Salons für Aeronautik und herausgefordert durch das Scheitern einer Luftfahrtausstellung in München, mit Tatkraft und finanziellem Engagement für die Ila einsetzten. Gleiches gilt für den 1908 gegründeten Frankfurter Verein für Luftschiffahrt sowie für Professor Linke, den Leiter des zu Weltgeltung gelangten Meteorologisch-physikalischen Instituts. Ausstellungsdirektor war Georg von Tschudi, der spätere Leiter des Berliner Flughafens.

Rund um die Festhalle erstreckte sich ein ausgedehnter Vergnügungspark unter anderem mit Gaststätten, einem Musikpavillon, einem Japanischen Garten und einem Senegaldorf, mit einem Luftschiff-Panorama, einem Aerotheater und einem Ausstellungstheater. Die Ila stand zunächst ganz im Zeichen der damaligen klassischen Flugapparate, die seit den Tagen Blanchards auch in Frankfurt begeisterte Anhänger hatten: der Ballons. Besonderes Interesse weckten die Ballon-Luftschiffe »Ruthenberg« und »Clouth« und vor allem das Luftschiff des Majors a. D. August von Parseval, der Parseval III, die »Magespitz«, wie ihn die Frankfurter in Anlehnung an die ähnlich geformte Wurst nannten. Am 31. Juli erlebte die Ila ihren größten Tag: Zum ersten Mal landete in Frankfurt ein Luftschiff des Grafen Zeppelin, Z II, für einen dreitägigen Aufenthalt. Den Abschluß der Ila, gleichzeitig ihr zukunftweisender Höhepunkt, bildete die Fliegerwoche. Flugzeuge begannen allmählich alles andere in den Schatten zu stellen. Einziger deutscher Teilnehmer der Fliegerwoche war August Euler, der im Jahr zuvor die erste deutsche Flugzeugfabrik in Griesheim bei Darmstadt (später nach Niederrad verlegt) gegründet hatte und 1910 den Flugschein mit der Nummer 1 erwarb.

Die Festhalle während der Ila, Postkarte 1909

Die Zeichen für eine günstige Entwicklung der Fest-
hallen- und Ausstellungsgesellschaft standen günstig.
Die Gesellschaft expandierte (1909 wurde eine 4%-Obli-
gation aufgelegt), und zahlreiche Ausstellungen und Veranstaltungen belebten die Festhalle: die Allgemeine Ausstellung für Geschäftsbedarf 1910, im Jahr darauf das
28. Bundesfest des Deutschen Radfahrerverbandes, die
Internationale Kochkunstausstellung, die Obst- und
Gartenbau-Ausstellung und das erste Sechstagerennen,
das XVII. Deutsche Bundes- und Goldnes Jubiläums-
schießen 1912 und viele andere. Herausragendes Ereignis des Jahres 1913 war das Theaterspektakel »Das
Mirakel« von Carl Vollmöller mit der Musik Engelbert
Humperdincks, inszeniert von Max Reinhardt. Für den
Herbst 1914 war eine Elektrotechnische Ausstellung ge-
plant, für die man sogar am Hohenzollernplatz neue
Anlagen und Restaurationsgebäude festlich ausstattete.
Der Erste Weltkrieg jedoch machte diese Pläne zunichte.

»Frankfurt soll wieder Messestadt werden«

DIE INTERNATIONALE FRANKFURTER MESSE VON 1919 BIS HEUTE

Frankfurt müsse »wenigstens auf Teilgebieten des Handels seine frühere Stellung als Messe- und Ausstellungsstadt zurückerobern«, plädierte bereits im November 1917, ein Jahr vor dem Ende des Ersten Weltkrieges, der Stadtrat und spätere Oberbürgermeister Ludwig Landmann. Sein Vorschlag innerhalb der Nachkriegsplanung fand im Laufe des folgenden Jahres großen Anklang und führte zu entsprechenden Vorarbeiten von Alfred Schmude, dem Leiter des Lebensmittelamtes der Stadt Frankfurt, (und bald, nach Errichtung des Wirtschaftsamtes, von Ludwig Landmann selbst). Man faßte als Ort der Messe die Festhalle und als Trägerin die Ausstellungs- und Festhallengesellschaft, deren Anteile satzungsgemäß inzwischen ganz in städtischen Besitz übergegangen waren, ins Auge.

Hatte man zunächst nur an den innerdeutschen Handel gedacht, an einen regelmäßigen Großmarkt für Süd- und Westdeutschland, so begründete unmittelbar nach Kriegsende der Direktor der Festhallengesellschaft, Josef Modlinger, in einem Bericht an die Frankfurter Handelskammer die Notwendigkeit einer internationalen Einfuhrmesse. Mit einer Eingabe wandte sich in dieser Sache die Handelskammer im Januar 1919 an das preußische Handelsministerium. Von einer solchen Messe versprach sich die deutsche Industrie die Einfuhr von Rohstoffen und Halbfabrikaten, die sie dringend zu ihrem Wiederaufbau benötigte, aber auch den Export der

80

Briefcouvert anläßlich der ersten Internationalen Frankfurter Messe nach dem Ersten Weltkrieg im Jahre 1919

eigenen Erzeugnisse; sie hoffte alte Absatzgebiete zurückzugewinnen, neue zu erschließen sowie ihre Leistungsfähigkeit zu zeigen. Im besonderen sollte diese Messe demonstrieren, wie Handel und Industrie in Frankfurt – vor allem seit Eröffnung des Osthafens kurz vor dem Ersten Weltkrieg – gewachsen waren, und auch für Frankfurt als Industriestandort werben. »Bietet doch Frankfurt a. M. durch seine zentrale Lage, inmitten eines Netzes von Eisenbahnlinien, durch die ausgebaute Wasserstraße, die wichtigen Hafenanlagen und seine Bedeutung als Verkehrsmittelpunkt und alte Handelsstadt soviele Vorteile, dass mancher Messbesucher sich gern der alten Mainstadt erinnern wird, wenn es einmal gilt, die Wahl für einen Ort seiner geschäftlichen Niederlassung oder Vertretung zu treffen«, hieß es in einer der ersten Ausgaben der 1919 erstmals erschienenen »Frankfurter Mess-Zeitung«, für die als Schriftleiter der Journalist und Diplomingenieur Otto Ernst Sutter, der beim Wiederaufbau der Frankfurter Messe (als Mitdirektor des Meßamtes) entscheidend beteiligt war, verantwortlich zeichnete.

Nach Überwindung mancher Schwierigkeiten – so hatte das Ministerium zunächst eine abwartende Hal-

tung eingenommen, weil es, von einer »Einfuhrmesse«
die Überschwemmung Deutschlands mit ausländischen
Fertigwaren befürchtete – konnte im Juli 1919 die
Frankfurter Messe als gesichert bekannt gegeben und
am 1. Oktober 1919 eröffnet werden. 3000 Aussteller
(viele, die zu spät gemeldet hatten, konnten nicht mehr
berücksichtigt werden) boten in der Festhalle, in ange-
bauten provisorischen Hallen und sogar in nahegelege-
nen Schulen ihre Waren an. Schwerpunkte bildeten die
Textil-, Leder- und Möbelindustrie, das Kunstgewerbe,
die Fotografie und Kinematografie, die Technik (neben
anderem mit einer Abteilung von Flugzeugmodellen).
Auch der Kunsthandel war mit der »Kunstmesse« in den
Römerhallen berücksichtigt worden. Diese Ausstellung
realisierte Fried Lübbecke, der wenige Jahre später den
»Bund tätiger Altstadtfreunde« gründete und als »Alt-
stadtvater« bekannt wurde.

Als nach vierzehntägiger Dauer diese erste »Einfuhrmesse« ihre Pforten schloß, war die Bilanz für Frankfurt
wie für Deutschland positiv. Man hatte erfolgreich ange-
knüpft an die Zeiten, »in denen die Frankfurter Messe
als Gesamterscheinung ein zweimal jährlich wiederkeh-
rendes Hauptereignis im Handelsleben von Mitteleu-
ropa gewesen« war (wie es im Vorwort zu einem anläßlich dieser Messe im Herbst 1919 erschienenen Bänd-
chen heißt, das eine deutsche Übersetzung von Henri
Estiennes Lobeshymne der Frankfurter Messe von 1574
und das Marktschiffergespräch enthält). Die Einfuhrmesse hatte die Erwartungen übertroffen, wenn auch
aus dem Ausland mehr Käufer als Verkäufer gekommen
waren; sie hatte dazu ermutigt, den eingeschlagenen
Weg weiterzugehen. Die »mangelnde künstlerische Gestaltung« der ersten Messe, wie es hieß, war Anlaß, die
»2. Frankfurter Internationale Messe« vom 2. bis 11.
Mai 1920 weitaus sorgfältiger zu planen und besser für

sie zu werben. Diese Messe, die »dem Warenaustausch und der Verständigung unter den Völkern« dienen sollte (so hieß es im Prospekt), zeichnete sich durch ein neues technisch-organisatorisches Konzept aus: die Konzentration der Messehäuser und -hallen auf einem Gelände und, bedeutsamer, die branchenmäßige Zusammenfassung der Aussteller, was diesen und den Besuchern gleich wichtige Vorteile brachte. Diese »Branchenkonzentration«, die als »Frankfurter System« bekannt wurde, fand im In- und Ausland Nachahmung und wirkte zukunftsweisend bis in unsere Zeit.

Die Internationale Frankfurter Messe expandierte in den folgenden Jahren kontinuierlich. Dazu trugen die Inflation und der durch sie bewirkte lebhafte, ja oft hektische Handel bei, nicht weniger die Grenzlage Frankfurts dicht vor dem französischen Besatzungsgebiet und in der rechtsrheinischen, 50 km tiefen entmilitarisierten Zone. So waren die Messen als freie Märkte für Frankfurt ein Ausgleich für sonstige wirtschaftliche Einbußen, für den Verlust der Garnison, das Ausbleiben staatlicher Aufträge und die Abwanderung von Staatsbehörden in das Innere des Deutschen Reiches. Jahr für Jahr entstanden neue Messehallen: 1920 das »Haus Offenbach«, in dem sich auch die Büros der Festhallengesellschaft (die in diesem Jahr ihren neuen, noch heute bestehenden Namen »Messe- und Ausstellungs-Gesellschaft« annahm) sowie ihrer Betriebsabteilung, des Meßamtes der Stadt Frankfurt, befanden; 1921 entstand das »Haus Werkbund« für die bedeutende Abteilung Kunsthandwerk und auch für die Buchmesse, die als Demonstration der deutschen Buchproduktion dem Ausland gegenüber und weniger als Konkurrenz zu Leipzig ins Leben gerufen worden war; 1922 kam nach dem Erfolg der Frühjahrsmesse das »Haus der Technik« mit 13 500 qm Nutzfläche hinzu; 1923 dann das Haus

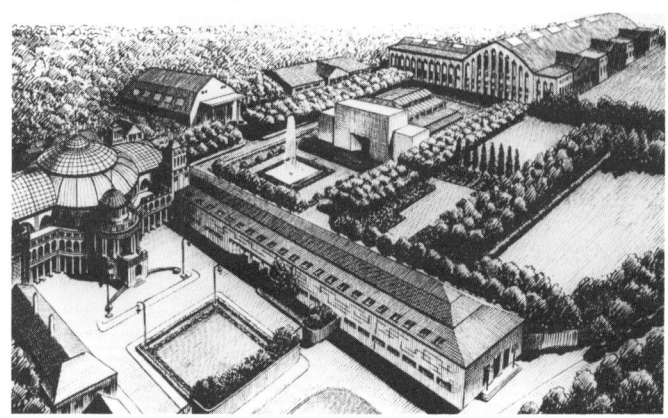

Festhalle, Haus der Moden und Haus der Technik,
Zeichnung 1938

»Schuh und Leder« und eine Messegüterhalle; 1925
schließlich, nachdem die Frankfurter Messe die Inflationszeit im Gegensatz zu manchen kleineren, damals
entstandenen lokalen Messen ohne nennenswerte Einbu
ßen überstanden hatte, das »Haus der Moden«, das,
200 m lang und an die Festhalle angebaut, nach Plänen
der Architekten Löhr und Wollmann sowie Peter Behrends, des künstlerischen Beirats des Meßamtes, errichtet worden war. Es standen nunmehr 45 000 qm Ausstellungsfläche zur Verfügung, das gesamte Messegelände
einschließlich der Freigelände und Grünanlagen umfaßte 200 000 qm.

　　»Es wurde immer wieder, gerade auch in der Textilmesse, von Ausstellern betont, daß sie mit der Frankfurter Messe einen Kundenkreis erreichen können, an den
sie auf keiner anderen deutschen Messe herankommen
würden, auch nicht in Leipzig, und dort auch dann nicht,
wenn es außer Leipzig keine anderen Messen gäbe ...
Ein Markt, wie es eine große Mustermesse ist, muß für

sich selber sprechen. Die Frankfurter Herbstmesse hat es getan.« Als in der »Frankfurter Zeitung« dieses Urteil über die Herbstmesse 1927 zu lesen war, warf die allgemeine Wirtschaftslage bereits dunkle Schatten auf Frankfurt und seine Messen. Schon 1926 hatte die Messegesellschaft städtische Unterstützung in Anspruch nehmen müssen. Zwei Jahre später beschloß das Stadtparlament, die Messegesellschaft zu liquidieren und die Festhalle anderweitig zu verwenden – was allerdings so nicht realisiert wurde. In demselben Jahr gründete Arthur von Weinberg gemeinsam mit einer Reihe bekannter Frankfurter Persönlichkeiten aus Industrie und Handel einen Verein zur Aufrechterhaltung der Frankfurter Messen, der sie durch finanzielle Mittel, aber auch durch Beratung und ideelle Unterstützung fördern wollte. Und tatsächlich bewies die Herbstmesse 1928 Lebenskraft, und im Frühjahr 1929 konnte auch die 20. Messe nach dem Ersten Weltkrieg stattfinden.

Doch die allgemeine Lage verdüsterte sich derart, daß weitere umfassende Mustermessen nicht gesichert erschienen; so entschloß sich die Messegesellschaft, die Frankfurter Messe einzustellen und stattdessen sich auf weniger anfällige Fachmessen und -ausstellungen zu konzentrieren. Die Messegesellschaft hatte auf diesem Gebiet bereits Erfahrungen gesammelt, ja einen weltweiten Ruf erworben. Den Frankfurter Messen waren in den zurückliegenden Jahren stets gut besuchte Ausstellungen beigesellt worden (beispielsweise 1926 im Anschluß an die Abteilung Automobil eine Verkehrsleistungsschau sowie die Ausstellungen »Der Herr vom Morgen bis zum Abend« und »Blumen und Früchte«, 1928 »Das flache Dach« mit einer wissenschaftlichen Tagung und mit Vorträgen von Le Corbusier und anderen, 1929 »Der Fremdenverkehr« sowie »Das deutsche Bier«), die neue Konsumbedürfnisse wecken und technologische Fertigkeiten verbreiten sollten. Zudem hatten zwischen den Messen zahlreiche Veranstaltungen stattgefunden, die teils von der Messegesellschaft, teils von Organisationen oder Einzelunternehmen durchgeführt worden waren: die Reichsausstellung für Kolonialwaren und Lebensmittel 1921, der 41. Radfahrer-Bundestag 1924, die Internationale Kochkunstausstellung 1925, die Deutsche Fotografische Ausstellung 1926 im »Haus der Moden«, die aufsehenerregende Ausstellung »Musik im Leben der Völker« im Rahmen des »Sommers der Musik« 1927 und die Reichsfachausstellung des Deutschen Drogistenverbandes 1929.

Nun, nach dem Ende der allgemeinen Frühjahrs- und Herbstmessen, erhielten diese Veranstaltungen noch mehr Gewicht: Möbelmesse und Messe für Haushaltsartikel und Spielwaren (im Herbst 1929 zur gewohnten Messezeit), Kochkunstausstellung (1929), Südwestdeutsche Möbelmesse (1930, 1932), Achema VI, die große Ausstellung chemischer Apparate (1930), Fachausstellung Uhren und Schmuck (1931), Im Reiche der Hausfrau (1931), Die Hausfrau der Gegenwart (1932), XI. Deutsches Sängerbundesfest (1932) und viele kulturelle und politische Tagungen, Treffen religiöser Verbände und Hallensportfeste.

Auch nach 1933 unter der Herrschaft der Nationalsozialisten behielten das Messegelände, das zentral und verkehrsgünstig lag und geräumige Bauten besaß, und die Messegesellschaft mit ihrer organisatorischen Erfahrung ihre Bedeutung: Reichsausstellung für Kolonialwaren (1933), Kochkunstausstellung (1934, 1937), Welt-Hundeausstellung (1935), Internationaler Kongreß für Städtereinigung nebst Ausstellung (1935), Reichsnährstandsschau (1936). Die Achema VIII im Jahre 1937 hatte mit 452 Ausstellern und einem großen Besucherstrom einen solchen Erfolg, daß es Bestrebungen gab,

86

Frankfurt zum ständigen Tagungs- und Ausstellungsort für den deutschen chemischen Apparatebau zu machen; es wurden Pläne für einen Um- und Neubau des Festhallengeländes geschmiedet und vorgestellt, an deren Realisierung man 1939 ging, nachdem schon im Jahr zuvor die Bau- und Siedlungs-Ausstellung die zu engen Grenzen des Komplexes gezeigt hatte. Man hoffte, die Achema 1940 in angemessenen neuen Hallen eröffnen zu können. Doch im September 1939, nach Beginn des Zweiten Weltkriegs, wurden die Festhalle und die anderen Gebäude auf Anordnung der Reichsregierung als Lager – für Getreide und Heereskleidung – verwendet.

Bereits einige Zeit vor den schrecklichen Tagen und Wochen, in denen Frankfurt von Großangriffen heimgesucht wurde und die alte Stadt in Schutt und Asche sank, waren Festhalle und Messegelände Opfer der Zeit geworden: Die Festhalle, in der Heereskleidung im Wert von über 3 Millionen Reichsmark lagerte, brannte am Spätnachmittag des 18. Dezember 1940 durch Fahrlässigkeit aus. Ein Nachtangriff am 25. August 1942, bei dem 50 Flugzeuge 105 Spreng- und 8000 Brandbomben warfen, vernichtete die übrigen Gebäude. So war am Ende des Krieges das Messegelände zu 95% zerstört, lediglich die ausgebrannten Ruinen der Festhalle und des Hauses der Technik waren wiederherstellungsfähig – wahrlich ein trauriger Rest, doch er barg, auf dem schon mehrfach bewährten Fundament vielhundertjähriger Tradition, die Kraft zum Neubeginn.

Anfang Juli 1946, ein gutes Jahr nach dem Ende des Zweiten Weltkriegs, nahm die Messe- und Ausstellungsgesellschaft wieder ihre Arbeit auf, und einen Monat später sagte der Frankfurter Oberbürgermeister Walter Kolb in einer Rundfunkansprache: »Frankfurt soll wieder Messestadt werden.« Angesichts der veränderten politischen und wirtschaftlichen Situation und der notwendigen Ankurbelung von Produktionsabsatz und Warenaustausch richteten sich die Vorbereitungen auf eine große allgemeine Mustermesse mit internationaler Beteiligung. Wie im Jahre 1919 vertraute man auf die Wirtschaftskraft Frankfurts als alte Handelsstadt und auf ihre zentrale Verkehrslage, die durch den inzwischen entstandenen Weltflughafen und die begonnene Autobahn sich zeitgemäß verändert und verstärkt hatte. Unter Vorsitz des Oberbürgermeisters Walter Kolb hielt im Dezember 1946 der neue Aufsichtsrat der Messegesellschaft seine konstituierende Sitzung.

Im instandgesetzten Haus der Technik und in einigen bereits errichteten Hallen in Stahlbindertechnik, an die sich wohl viele Messe- und Ausstellungsbesucher unserer Tage noch lebhaft erinnern werden, fand unmittelbar nach der Währungsreform zunächst eine Landwirtschaftliche Ausstellung statt (29. August bis 6. September 1948). Ihr folgte als großes Ereignis für die sich langsam erholende deutsche Wirtschaft die erste Internationale Frankfurter Messe nach dem Zweiten Weltkrieg: die Herbstmesse vom 3. bis 8. Oktober 1948. In seiner Eröffnungsrede in der Aula der Universität sprach Oberbürgermeister Kolb vom unbändigen Willen zum Leben, der die jahrhundertealte Tradition der Frankfurter Messe zu neuer Wirklichkeit habe erstehen lassen. »Bei strahlendem Herbstwetter«, so heißt es in einem Pressebericht über den ersten Messetag, »setzte am Sonntag die Frankfurter Herbstmesse mit einem Zustrom ein, der alle Erwartungen übertraf. In den Hallen und Zelten herrschte mitunter eine beängstigende Fülle. Besonders auf den Ständen der Textilindustrie, der Lederwaren, der Nahrungs- und Genußmittel und des Haus- und Wohnbedarfs war Hochbetrieb. Die Messe ist programmgemäß fertig geworden und bietet alles in allem ein überzeugendes Bild deutscher Schaf-

Die Straße der Nationen, Fotografie um 1958

fenskraft.« 1771 Firmen stellten auf einer über 60 000 qm
großen Fläche aus, 300 000 Besucher kamen und erteilten
für 600 Millionen Mark Aufträge.

In den nächsten Jahren folgte, wie wir es drei Jahrzehnte zuvor schon einmal, aber auf wesentlich schwä-
cherem, ja brüchigem Fundament erlebt haben, der
systematische Aus- und Aufbau des Messegeländes:
1949/50 wurde die Festhalle wiederhergestellt; 1951 entstanden weitere neue Hallen, aus denen formal das Haus
des Deutschen Kunsthandwerks, die Kongreßhalle sowie die Messehauptgaststätte herausragten; 1952/53
folgten Hallen östlich der Festhalle sowie das Verwal-
tungsgebäude der Messegesellschaft; auch das Ausland
beteiligte sich am Aufbau mit der Errichtung von Pavillons – so Italien, Belgien, die Niederlande, Ungarn,
Jugoslawien, Schweiz, Frankreich und andere –, die

89

sich entlang der »Straße der Nationen« reihten und die zunehmende Internationalität der Messe dokumentierten.

Die Internationale Frankfurter Messe war mit ihrem Angebot an Investitions- und Konsumgütern zum zentralen Markt der Bundesrepublik im Sinne einer allgemeinen Mustermesse, zur größten Messe in Westdeutschland, geworden – in »Arbeitsteilung« mit den beiden anderen westdeutschen Großmessen Hannover (technische Messe) und Köln mit seinen heimisch gewordenen Fachmessen. Um den Interessenausgleich zwischen diesen und anderen Messestädten sorgt sich der am 20. Juli 1949 in Frankfurt gegründete Ausstellungs- und Messeausschuß der deutschen Wirtschaft (AUMA). Auch in Frankfurt entstanden zahlreiche – neue oder wiederbelebte – Fachmessen, die fortan regelmäßig wiederkehrten und zum unverwechselbaren Bild Frankfurts als Messestadt beitragen. So rief der Börsenverein des Deutschen Buchhandels, der an Stelle von Leipzig in Frankfurt seinen Sitz nahm, im Jahre 1949 die Buchmesse hier wieder ins Leben, die, wie Jahrhunderte zuvor in ihrer Anfangszeit, Frankfurt zum Ort der Begegnung aller am Buch Beteiligten machte. Schon 1948 waren 80% des Rauchwarenhandels aus Leipzig in den Westen Deutschlands gezogen, viele direkt nach Frankfurt, wohin andere folgten, so daß Frankfurt seit 1951 auch mit der Pelzmesse die Nachfolge Leipzigs antrat. Im Jahre 1950 fand die Achema IX, die für 1940 vorgesehen war, statt. 1951 folgte die Internationale Automobilausstellung in Frankfurt am Sitz des Verbandes der deutschen Automobilindustrie, nachdem dieser wieder als Mitglied in das Bureau Permanent International des Constructeurs d'Automobiles eingetreten war. Fahrrad- und Motorradausstellungen, Kochkunstausstellungen, Fleischer- und Bäckerfachausstellungen, Landwirtschaftsausstellung, Wäschereifachausstellung, Deutsche Rundfunk-, Fernseh- und Phono-Ausstellung gehören gleichfalls zur großen Palette der Veranstaltungen auf dem Messegelände im ersten Nachkriegsdezennium, ebenso wie eine Fülle von Veranstaltungen politischer, sozialpolitischer, religiöser und wirtschaftlicher Organisationen sowie kulturelle und sportliche Veranstaltungen (6-Tage-Rennen) in der Festhalle.

Die Erweiterung der Halle 3 (»Walter-Kolb-Halle«) auf 16000 qm im Jahre 1957, der Neubau der Halle 4 in den Jahren 1961 bis 1963, mit dem man erstmals in die Höhe strebte, der breite Durchbruch zum Freigelände jenseits der Bahngleise 1965, der Abbruch der Hallen 7 bis 11 (darunter des Hauses des Deutschen Kunsthandwerks) und die Errichtung neuer Hallen an ihrer Stelle (1970/71) und die Einweihung des Messehauses »West« (1973) waren die Antworten auf die Entwicklung des Messewesens und auf die Konkurrenz anderer Städte. Aus einer Universalmesse mit über 30 Branchen war die Frankfurter Messe zu einer »Mehrbranchenmesse« geworden, die aufeinander abgestimmte Teilmärkte umfaßte; gemäß der Spezialisierung der Märkte war ein Teil dieser Produktgruppen zu eigenständigen Fachmessen übergegangen (Musikinstrumente, Büro- und Geschäftsbedarf, Textilbranche, Sportartikel), wobei bestimmte Branchen Frankfurt verloren gingen, andere aber hinzutraten.

Die fortgeschrittene und fortschreitende Spezialisierung im Messewesen und der sich verstärkende Trend zu Fachmessen mit teilweise kleiner gewordenen Einzelveranstaltungen erforderten zunehmend sowohl vom Atmosphärischen als auch vom Funktionsablauf her geeignete Räumlichkeiten. Aber auch aus Rücksicht auf das klassische Frankfurter Veranstaltungsprogramm mit der Internationalen Frühjahrs- und Herbstmesse, die als

größte Konsumgütermesse der Welt ein Verbund von
acht zeitgleichen, themenorientierten Konsumgüter-
Fachmessen ist (von denen einzelne für sich bereits die
größten Spezialveranstaltungen ihrer Branche in der
Welt sind), mußte schon nach wenigen Jahren ein neuer
Strukturplan geschaffen werden. Daraus abgeleitet
wurde — im Einvernehmen der Gesellschafter, der Stadt
Frankfurt und des Landes Hessen — das Konzept für
Neubau- und Modernisierungsmaßnahmen mit einer In-
vestitionssumme von 360 Millionen DM: In sich autarke
Teilgelände ermöglichen als vollausgestattete Rahmen
für Spezialmessen, neue »problemorientierte« Veranstaltungen aufzunehmen und zwei oder drei sogar
größere Messen gleichzeitig zu veranstalten. Andererseits können sie bei den vielen Großveranstaltungen zu-
sammengefaßt genutzt werden und erlauben die Produktgruppen nach »Nachfrageverwandtschaften« sinn-
voll zu ordnen und konsequent zu gliedern.

Für die Gestaltung des Gesamtgeländes (400 000 qm)
wurden namhafte europäische und amerikanische Ar-
chitektenpersönlichkeiten zur Mitarbeit gewonnen. Seit
1983 ist die Verwirklichung dieses Konzeptes mitzuerle-
ben. Imposant breitet sich der 250 m lange, 120 m breite
und 34,5 m hohe, mit sandsteinrotgefärbten Betonplat-
ten verkleidete Neubau der Halle 9 aus, der in drei
Ebenen 42 000 qm Ausstellungsfläche umfaßt. Neue
Maßstäbe setzt die Halle 4 anstelle ihrer Vorgängerin
und fünf ehemaliger Pavillons an der Straße der Nationen. Architektonisches Glanzstück ist die — wie Halle 9
von Oswald Mathias Ungers entworfene — »Galleria«,
ein 120 m langer, 25 m breiter und 32 m hoher Ver-
bindungstrakt zwischen den Hallen 9 und 8 (ehemals 5),
dessen Konstruktion aus Glas, Stahl und Holz an die
Stile der berühmten Galerien der Jahrhundertwende erinnert. Sie dient hauptsächlich als westlicher Hauptzu-

Die Galleria zwischen den Hallen 8 und 9, Fotografie 1985

gang zum Messegelände und zugleich als Begegnungs-
stätte der Messebesucher. Die »Via mobile« durchquert
in einer Länge von 750 m das Messegelände von Westen
nach Osten, so daß die Besucher geschützt und kräfte-
schonend von Halle zu Halle gelangen können.

Neues, alles überragende Domizil der Messeverwal-
tung und vielfältiger Dienstleistungen ist das im Zentrum des Geländes stehende, 117 m hohe »Torhaus«
Oswald Mathias Ungers'. Als riesige Eingangspforte zur
Stadt von Westen her und als Symbol für die Frankfurter
Messe als Tor zur Welt demonstriert es eindrucksvoll –
in Abwandlung des von Philipp Wilhelm Gercken 1788
geprägten Satzes –, daß die Messen auch heute noch
der Stadt Frankfurt ihren Rang und Glanz verleihen,
den sie vor vielen anderen wichtigen Städten hat: Gemessen an den Marktanteilen und an den Umsätzen
steht Frankfurt als Messeplatz in der Bundesrepublik
an der Spitze. Im Jahre 1983 führten 15 Messen und
Ausstellungen 22 894 Aussteller und 2 141 454 Besucher
nach Frankfurt; 1985 wird mit 23 Messen und Ausstellungen, mindestens 26 000 Ausstellern und vermutlich
2,5 Millionen Besuchern das »dichteste« Messejahr
Frankfurts. Der »Ascoli-Club« im neuen Torhaus stellt
zudem die Verbindung her zum Privileg Kaiser
Friedrichs II. von 1240, das er im Feldlager bei der Belagerung von Ascoli ausstellte und mit dem er allen zur
Frankfurter Messe Reisenden sicheres Geleit gewährte.

QUELLEN- UND LITERATURVERZEICHNIS

Andernacht, Dietrich, Handelszentrum Europas. Privilegien und Einzugsgebiet der Frankfurter Messe im Mittelalter. In: Frankfurt Lebendige Stadt, 1960, Heft 3, S. 14 – 19.

Andernacht, Dietrich, Das Kaufhaus der Deutschen. Die Geschichte der alten Frankfurter Messe in der wirtschaftlichen Entwicklung Europas. In: Frankfurter Allgemeine, 2. 9. 1968, S. 21.

Bothe, Friedrich, Aus Frankfurts Sage und Geschichte, Teil 2: Die Geschichte der Stadt Frankfurt a. M. Frankfurt am Main 1911.

Diehl, Robert, Frankfurt am Main im Spiegel alter Reisebeschreibungen vom 15. bis zum 19. Jahrhundert. Frankfurt am Main 1939, Nachdruck: Frankfurt am Main 1984.

Dietz, Alexander, Frankfurter Handelsgeschichte. Frankfurt am Main 1910 – 1925, Nachdruck: Glashütten 1971, Band 1, S. 3 – 16: Geschichtliche Einleitung, S. 17 – 116: Der Messhandel.

Fries, Johann Henrich Hermann, Abhandlung vom sogenannten Pfeifer-Gericht. Frankfurt am Main 1752.

Hässlin, Johann Jakob (Herausgeber), Frankfurt. München ⁴1964.

Haver, Ursula, Zur Sicher- und Bequemlichkeit der frembden Handels-Leuthen. Von Messegästen und Gastlichkeit in Frankfurt am Main vor vierhundert Jahren. Frankfurt am Main 1958.

Haver, Ursula, Am Straßenkreuz Europas. Frankfurter Messen und Ausstellungen in Vergangenheit und Gegenwart. Frankfurt am Main 1957.

25 Jahre Frankfurter Messen, Ausstellungen und Veranstaltungen 1907 – 1932. Jubiläumsschrift der Messe- und Ausstellungs-GmbH Frankfurt a. M. Frankfurt am Main 1932.

Kaross, Christoph, Die Frankfurter Festhalle. Frankfurt am Main 1977.

Kriegk, Georg Ludwig, Die Frankfurter Messe im Mittelalter. In: Georg Ludwig Kriegk, Frankfurter Bürgerzwiste und Zustände im Mittelalter. Frankfurt am Main 1862.

Marperger, Paul Jacob, Beschreibung der Messen und Jahr-Märckte. Leipzig 1710.

Meuer, Adolph, 700 Jahre Frankfurter Messe. In: Frankfurt – Ruhmreiche Vergangenheit, 1961, S. 101–110.

Mittheilungen aus den Protokollen der Stadtverordneten-Versammlung der Stadt Frankfurt a. M. (Bericht über die Verhandlungen der Stadtverordneten-Versammlung der Stadt Frankfurt a. M.). Frankfurt am Main 1867–1931.

Orth, Johann Philipp, Ausfürliche Abhandlung von den berümten zwoen Reichsmessen so in der Reichsstadt Franckfurt am Main järlich gehalten werden. Frankfurt am Main 1765.

Rebentisch, Dieter, Ludwig Landmann. Frankfurter Oberbürgermeister der Weimarer Republik. Wiesbaden 1975 (Frankfurter Historische Abhandlungen, Band 10).

Schembs, Hans-Otto, Eine Messe im alten Frankfurt. In: Hessischer Rundfunk, Schulfunk: Geschichte, 36, August 1981 – Januar 1982, S. 26–30.

Schembs, Hans-Otto, Zwischen Oculi und Judica. Anno 1330 erhielt Frankfurt das Privileg der Frühjahrsmesse. In: Frankfurter Neue Presse, 22. 4. 1980, S. 13.

Stadtarchiv Frankfurt am Main: Bestand Handel/Messe, Ratsverordnungen, Magistratsakten, Bestand S 3.

Stümke, Bruno, Die alte Frankfurter Messe. In: Von der alten Reichs- und Messestadt Frankfurt am Main. Eine Sammlung von Aufsätzen. Frankfurt am Main 1922.

Sutter, Otto Ernst, Die Stadt der Messen. In: Das Buch der Stadt. Frankfurt am Main 1927, S. 326–328.

Wiederspahn, August, Treffpunkt der Welt. Eine Betrachtung über die internationale Messestadt. In: Frankfurt Lebendige Stadt, 1956, Heft 1, S. 12–15.

Ziehen, Julius (Herausgeber), Der Frankfurter Markt oder die Frankfurter Messe von Henricus Stephanus (Henri Estienne), nebst: Marckschiff oder Marckschiffer Gespräch von der Franckfurter Meß von Marx Mangold. Frankfurt am Main 1919.

Die zweite Industrielle Revolution. Frankfurt und die Elektrizität 1800–1914. Bilder und Materialien zur Ausstellung im Historischen Museum. Frankfurt am Main 1981.